EINLEBENREICHT.COM

EIN LEBEN REICHT,
DER MENSCH ZU WERDEN,
DER MAN IST.

DDr. PETER SPATT

Impressum

2. Auflage 2013

ISBN: 978-3-200-02833-3
www.peterspatt.at

Für Cathrin und Julian

# VORWORT

Lebenswendungen und Entwicklungen im Leben sucht man sich nicht aus. Sie kommen auf einen zu, ob man will oder nicht. Gut ist, hat man dann passende Strategien und geeignete Werkzeuge zur Hand. Denn auch das einfache, ganz normale Leben, in dem nichts Besonderes passiert, hält genügend Schwierigkeiten bereit, mit denen fertig zu werden manchmal schwer ist.

Mein Antrieb, dieses Buch zu schreiben, lag in dem Bedürfnis, die Sichtachse eines Modells zu vermitteln, um dieses ganz normale Leben von uns nicht nur überlebbar zu führen, sondern lebbar zu machen, um an seinem Ende möglicherweise erfüllt zurückzublicken und offen dem zu begegnen, was sich dann ergibt. Mit dieser Sichtachse richte ich mich an Menschen, die mit ihrem Leben etwas vorhaben, dabei aber auf Schwierigkeiten stoßen. An Menschen, die neugierig sind, die sich weiterentwickeln und den Bauplan der Seele verstehen wollen oder einfach nur Lust haben, das für sie Passende aus sich und ihrem Leben herauszuholen. Und an alle, die wissen wollen, wofür ihre Lebensgeschichte gut sein könnte. Es ist gleichzeitig ein Aufruf, die eigenen Lebensziele entdecken zu wollen und ihnen auch entgegenzugehen. Und es ist eine gute Motivation, sein Innenleben auseinanderzunehmen, zu entwirren, zu verstehen, zu überdenken, um schlussendlich damit glücklich zu werden. Dann gibt es kein Versagen mehr. Mit meinen Ausführungen erhebe ich nicht den Anspruch, Neues im Sinne der Wissenschaft verfasst zu haben. Aus diesem Grund gibt es auch keine Fußnoten. Sehr wohl aber ruht das Geschriebene auf solidem Wissensfundament. Wissenschaft ist eine Arbeits- und Lebenshaltung, die Wissen schafft. Ich will kein Wissen schaffen, schon gar kein neues. Es reicht, das uns umgebende Wissen zu verstehen, das Verständnis vom Ganzen, und passende Antworten zu den Fragen, wie der Mensch ist, wie die Welt ist, warum der Mensch und die Welt so sind, wie sie sind, zu finden. Um diesen thematisch sehr vielschichtigen Bogen nicht zu weit zu spannen, wurde im Text alles weggeschnitten, was für das Verständnis der Materie nicht unmittelbar erforderlich erschien. Einerseits, um dem Bedürfnis nach gezielter Information und rascher Erkenntnis entgegenzukommen, andererseits, um das Ziel einer möglichst verständlichen, nicht akademischen Sprache im Fokus zu behalten. Zudem erläutert ein Wegweiser in der nachfolgenden Einführung die grundlegenden Gedanken zu der Sichtachse dieses Buches und kann somit auch als persönliche Orientierung durch die Themenbereiche der einzelnen Kapitel dienen.

Die von mir beschriebene und dem Buch zugrunde liegende Sichtachse zu einem Modell mit dem daraus ableitbaren Muster einer Lebenskarte ruht im engeren Sinn auf den Verdiensten vorangegangener Seelenärzte. Beginnend mit Freud, über Adler zu Erickson, um über Rodgers, Maslow und Ellis schließlich bei Watzlawick, Willi, Grawe und Merl anzukommen. Es geht um menschliches Wachstum, eingebettet in soziale

Systeme, bis hin zu einem gelingenden Lebenszyklus. Damit werden die Grenzen eines freudschen Modells der Psyche wesentlich erweitert. Denn zu wissen, was im Leben wann und wie war, heißt noch lange nicht, dass man sagen kann, was man überhaupt will. Durch Freud haben wir die eine Seite der Medaille kennengelernt. Sie gibt uns ein Verständnis der Lebensentwicklung in der Vergangenheit. Auf die zweite Seite, nämlich wie es geht, der Mensch zu werden, der man eigentlich ist, wird in diesem Buch eingegangen. Hierzu werden zur Lösung von Lebensthemen in den unterschiedlichsten Lebenskontexten wie Arbeit und Beruf, Gesundheit, Beziehung oder Elternschaft auch innerpsychische Prozesse beschrieben. Einfach, klar und am Leben erklärt. Dabei wird dargestellt, dass die frühesten Erfahrungen uns ein Leben lang prägen und was wir tun können, um dieses enge Korsett zu sprengen. Einige Fallbeispiele sollen dabei zeigen, dass in einem ganz durchschnittlichen Leben Dinge schieflaufen können und wie es möglich ist, diese Dinge wieder gerade zu rücken und Schäden zu reparieren. Diese Beispiele kommen aus dem Leben unterschiedlichster Personen, sind aber anhand von Orten, Geschlecht und Namen anonymisiert.

Dem Thema entsprechend werden mehrfach Begriffe wie Persönlichkeit oder Persönlichkeitsentwicklung verwendet. Bei diesen oder anderen Schlüsselbegriffen ist stets zu bedenken, dass jede Ausführung immer nur eine Sichtweise wiedergibt – also eine persönliche Meinung ist. In diesem Buch kann ich lediglich in Anspruch nehmen, nichts Falsches zu sagen. Aber selbst das ist nur gültig für den Zeitpunkt des Niederschreibens und für die Kultur, in der wir leben, die westliche. Mitglieder anderer Kulturen werden zentrale Lebensfragen anders beantworten. Und selbst bei größter Vorsicht in den Ausführungen wissen wir nicht, was an Erkenntnissen die Zukunft an uns herantragen wird. Wir wissen aber zumindest so viel: Die besprochenen Sichtachsen sind nicht falsch. Sie sind ungenau, um den Blick auf das Wesentliche nicht zu verlieren. Aber lieber ungenau und richtig – soweit das möglich ist – als genau und falsch.

Beim Begriff Persönlichkeit gibt es zumindest acht wissenschaftlich akzeptierte Sichtachsen. Abhängig von der Bereitschaft eines Menschen, integriert er sie, lässt sie nebeneinander stehen oder lehnt die eine oder andere ab. Niemand kann sagen, ob eine der acht Sichtachsen zur Beschreibung einer Persönlichkeit, die psychoanalytische, die ichpsychologische, die biologische, die verhaltensgesteuerte, die kognitive, die eigenschaftsorientierte, die humanistische oder die situative, die richtige ist. Ist jedoch ein Mensch von einer Richtung überzeugt, wird er andere ablehnen. Das heißt aber nicht, dass andere falsch sind. Wahrscheinlich ist es klug, die verschiedenen Sichtachsen besonnen zu integrieren. Das habe ich versucht.

Peter Spatt, Linz, April 2013

# INHALT

# WORUM ES GEHT

## Ein Wegweiser durch das Buch

## Wir wollen nur das eine: unser Leben leben.

## Der ganz normale Wahnsinn unserer Zeit

Die Lebensbedingungen scheinen gut. Und trotzdem haben viele Menschen seelische Schmerzen. Sind unglücklich oder haben Angst, können nicht schlafen oder brauchen Alkohol und Medikamente. Fühlen sich körperlich nicht fit, sind abgeschlagen. Wie kann das sein, wenn das Leben auf sicheren Schienen läuft? Die meisten von uns haben keinen Krieg hinter sich und haben keine Hungersnot überlebt. Doch auch das einfache, ganz normale Leben, in dem nichts Besonderes passiert, reicht tatsächlich aus, um seelisch aus der Bahn geworfen zu werden. Es hält genügend Schwierigkeiten bereit, mit denen fertig zu werden manchmal schwer ist. Erwartet wird aber von jedem Einzelnen, dass er oder sie in unserer hoch entwickelten Gesellschaft funktionieren und bestehen kann.

Jede Zeit hat dominierende Einflüsse. Heute überwiegen Schnelligkeit, Kosten-Nutzen-Balance, Machterhalt, Kapitalinteressen und Funktionieren. Dominierende Einflüsse sind ein Abbild des gesellschaftlichen Konsenses, welche Ressourcen wofür verwendet werden, und stehen oft nicht im Einklang mit dem, was die Seele braucht, um glücklich werden zu können. Denn alles ist möglich. Dieser Werbesatz wird seit Jahren als politisches Gesellschaftsgut verkauft und in unseren Softwareapparat Seele als gesellschaftlicher Code festgeschrieben. Offiziell existiert eine gesellschaftliche Mobilität vom Tellerwäscher zum Superstar. Dadurch entsteht ein hoher Anspruch. Denn auch für den Einzelnen ist theoretisch alles möglich, und so wird es zur Pflicht, sich hohe Ziele zu setzen. Was möglich ist, muss auch angestrebt werden: totale Fitness, steile Karriere, glückliche Familie. Wer aber Ziele ungeprüft von der Außen- in die Innenwelt übernimmt, kann nur versagen. Das Problem beginnt schon damit, dass diese gesellschaftliche Mobilität nur scheinbar besteht. Sie wird schon untergraben, wenn Kinder nicht das seelische Rüstzeug bekommen, um die gewährten äußeren Freiheiten leben und nutzen zu können.

Nach Prognosen der Weltgesundheitsorganisation werden 2020 psychische Störungen die Hauptkrankheitsursache in den westlichen Industrienationen sein. Psychische Störungen sind nichts anderes als das Sichtbarwerden von Symptomen, die die Lebensbewältigung und Lebensentwicklung eines Menschen beeinträchtigen. Mit dem Begriff Störung soll die Prozesshaftigkeit zum Ausdruck gebracht werden. Ein Prozess, der kommt und wieder geht und der sich in einer der drei großen Gruppen psychischer Störungen ausdrücken kann – der Neurose, der Persönlichkeitsstörung oder der Psychose. Zwischen diesen drei Gruppen besteht kein kategorialer Unterschied, sondern nur ein dimensionaler. Das heißt, abhängig vom Wechselspiel der Gefährlichkeit der Umwelt und der Verletzlichkeit des Menschen bildet sich eine Neurose, eine Persönlichkeitsstörung oder eine Psychose. Ein Großteil der Bevölkerung leidet in der heutigen Zeit unter einer Neurose. Neurose bedeutet: Krankheit der Lebensgeschichte. Die Eigenschaft der Neurose ist, dass sie von einer Generation auf die nächste übertragen wird, bis sich eine Person dagegenstellt und versucht, die Neurose in sich und ihrer Umgebung aufzulösen. Geschieht dies nicht, beginnt ein Schauspiel in unzähligen Akten. Das heißt, in einem Leben und im Leben folgender Generationen treten immer wieder gleiche oder ähnliche Situationen auf, in denen Menschen sich selbst im Weg stehen. Situationen, die Menschen ein gelingendes Leben vermiesen. Das ist der Kern der Neurose: die Behinderung auf dem Weg zum gelingenden Selbst.

Aber genau darum geht es: um die Sehnsucht, den eigenen Weg zu finden und diesen Weg auch zu gehen. Um den Traum vom gelingenden Selbst, eben der Mensch zu werden, der man eigentlich ist. Sich in und mit seinem Leben wohlzufühlen, sich als gesund zu erleben und sich eins mit seinem Tun und seiner Umwelt zu fühlen. Klingt banal, ist es aber nicht. Erscheint einfach, gelingt uns aber unter der Last des Alltags nur schwer und allzu oft überhaupt nicht.

## Frankie said, I did it my way

Wo immer ich arbeite, gehe ich auf Rockkonzerte. Da ist ein Atem von Freiheit, Kraft und Stärke. Die Last des drückenden Alltags fällt für kurze Zeit von den Schultern. Bon-Jovi-Konzerte habe ich in den USA, München und Linz erlebt. Alle Leute, mehr als 100 000, rasten bei dem Lied „It´s my life“ völlig aus. Da springen sie, jubeln, fühlen sich kräftig und frei. Singen enthusiastisch im Chor den Text: „My heart is like an open highway – Like

Frank, he said, ‚I did it my way' – I just wanna live when I´m alive – It´s my life."

Meist ist es das letzte Lied im Konzert. Ist es vorbei, kehrt Stille ein. Man schaut in die Gesichter und sieht hübsche, gesunde Menschen, die den Anschein machen, als ob sie in ihrem Leben etwas vorhätten. Sie lachen, haben Freude, werden ruhig und gehen. Einmal war meine damals 18-jährige Tochter mit mir. So saßen wir gemeinsam auf dem Rasen, betrachteten die Menschen und dachten nach. Dann fragte mich meine Tochter: „Warum singen eigentlich alle diese Leute von Frankie, der so gelebt hat, wie er wollte, und nicht von sich selbst? Warum wird Frankie glorifiziert?" Ich dachte an meine Arbeit in der Praxis, bei der es nur darum geht, dass Menschen lernen, ihren Lebensweg zu gehen, um dann von sich sagen zu können: „I did it my way." Natürlich machte meine Tochter mit ihren Fragen eine zutreffende Bestandsaufnahme, denn wären die Zuschauer alle auf dem für sie passenden Lebensweg, bräuchten sie nicht mit Haut und Haaren in dem Lied aufzugehen, das von einem gelungenen Leben handelt.

Bon Jovi singt von Frank Sinatra und bezieht sich auf dessen Song „My Way". Dieser Song handelt von einem Menschen, der seinen Weg gegangen ist und am Schluss zu allem stand, was er getan hat. Die meisten jüngeren Zuhörer kennen Frankie gar nicht. Aber seine Botschaft ergreift sie ganz innen: Was immer du tust, tu es auf deine Art und Weise. Das ist dein Lebensrecht, und du brauchst keine Angst zu haben, die Sympathie der Gesellschaft zu verlieren, nur weil du erhobenen Hauptes dein Ding durchziehst. Das Lied drückt die Sehnsucht in uns aus, den eigenen Weg finden und gehen zu wollen. Diese Sehnsucht können wir unter der Last des Alltags nur schwer leben. Könnten wir das, würden wir nicht von Frankie, sondern von uns selbst singen. Dann bräuchten wir nicht den aufmunternden Kick dieses Liedes, das uns ein Gefühl von Freisein gibt. Würden wir unseren eigenen Weg gehen, könnten wir uns nicht nach dem Ende des Konzertes wieder in das gegebene, oft fremdbestimmte Leben einfügen. Die strahlenden Gesichter könnten nicht wieder zu Einheitsgesichtern werden. Das Gefühl von Freiheit bleibt so ein Strohfeuer für den gemeinsam erlebten Moment, sei es bei Rockkonzerten, Sportveranstaltungen oder im Kino.

Die Menschen auf der Bühne, im Stadion oder auf der Leinwand werden als Avatare, als eine Verlängerung des eigenen Selbst, erlebt, wodurch für kurze Zeit eine wohltuende Identifikation mit menschlichen Basisbedürfnissen entsteht. Die Seele erlebt für einen kurzen Moment: „Auch ich bin frei, auch ich kann gewinnen." Und frei sein, gewinnen wollen wir alle. Wobei es bei vielen von uns schon gar nicht mehr ums Gewinnen geht. Es geht ganz schlicht und einfach ums Überleben. Schaffen wir es nicht im eigenen Leben, lassen wir andere das für uns tun. Und wir schauen zu.

Warum ist das aber so? Weshalb erscheinen uns die Hindernisse, den eigenen Weg zu gehen, oft als viel bedeutsamer, logischer und unbezwingbarer als die Wegbereiter und Möglichkeiten dazu? Wer sind die mächtigen Mitspieler bei all unseren Lebensfragen und warum gewinnen welche Anteile in uns immer wieder Oberhand?

Was spielt sich da in unserem Seelenleben eigentlich ab, wenn wir die Sehnsucht, den eigenen Weg zu finden und zu gehen, in uns spüren und doch immer wieder ignorieren. Wird etwas oft genug ignoriert oder abgewiesen, verschwindet es von selbst oder verhält sich zumindest still. Nicht so unsere Sehnsucht nach einem gelingenden Leben. Was also passiert da genau, woher kommt diese Sehnsucht und warum hält sie sich trotz aller pragmatischen Gründe, die wir ihr mit unserem alltäglichen Leben entgegenschleudern, so beharrlich in uns? Oder anders gefragt: Warum fällt es uns so schwer, uns mit einem für uns als nicht gelungen empfundenen Zustand so zu arrangieren, dass wir nicht krank, erschöpft und unzufrieden werden oder sogar Gefahr laufen, auch noch hochbetagt damit zu hadern, nicht der gewesen zu sein, der wir eigentlich potenziell immer gewesen sind?

Es fällt uns deshalb so schwer, weil es bei unserer Menschwerdung drei wesentliche Wirkgrößen gibt. Die Biologie, also sozusagen unseren genetischen Fingerabdruck, die Sozialisation, also wie uns unsere Umwelt von Kind an prägt, und unseren psychischen Fingerabdruck, unser Grundpotenzial. Dieses Grundpotenzial, das von Beginn an in uns angelegt ist, drängt im Laufe unseres Lebens stets nach Verwirklichung. Es drängt nach einer sprachlichen Formulierung, einer klaren Kontur und der Formung eines Werdeziels. Und damit drängt es nach der Beschäftigung mit uns selbst. Sind wir dafür ansprechbar, müssen wir nicht mehr Frankie besingen, sondern können es auf unsere eigene Art und Weise tun: unser Leben leben.

## Der Mensch werden, der man eigentlich ist

Die Beschäftigung mit uns selbst beginnt meistens dann, wenn in uns Gefühle vorherrschen, dass irgendetwas in unserem Leben nicht passt. Das kann ein Gefühl der Nichtpassung in der Partnerschaft, im Arbeitsumfeld, in der Familie sein oder im Erleben sogenannter Symptome wie beispielsweise von Erschöpfung, Abgeschlagenheit, Traurigkeit oder Schlaflosigkeit. Im Erleben des nicht gewünschten Zustandes drängen sich Lebensfragen auf. Die Frage „Warum bin ich, wie ich bin?" sucht Antworten auf die Frage nach unserer Herkunft und nach den Bedingungen, die zu der Formung unseres individuellen Lebens in den jeweiligen Umwelten geführt haben. Die Frage „Wer bin ich?" sucht Antworten auf die Frage nach dem Wesen des Menschen, unseren Anlagen, Bedürfnissen und Wünschen. Und die Frage „Wie werde ich der, der ich eigentlich bin?" sucht die Antwort auf die Frage nach einem gelingenden Lebensweg.

Stellen wir uns eine geografische Landkarte vor. Die dort eingezeichneten Städte, Flüsse und Berge bilden nicht die tatsächlichen Gegebenheiten vor Ort ab. Und doch erleichtert die geografische Landkarte erheblich die Orientierung in der realen Landschaft. Durch die eingezeichneten Straßen oder Pfade wird uns ein geplanter Weg über bestimmte Fixpunkte von einem Ort zum nächsten wesentlich erleichtert oder sogar erst möglich gemacht. Ähnlich ist es im Leben. Darum möchte dieses Buch einen Beitrag bieten, die Orientierung im Leben zu erleichtern. Die Postmoderne hat uns von den Zwängen klassischer Lebensläufe befreit und die Lebensgestaltung vielfältiger gemacht. Das ist grundsätzlich ein Vorteil, erfordert von uns aber ganz neue Fähigkeiten und ein besseres Verständnis unserer inneren Abläufe – weil eben, leider oder zum Glück, in der heutigen Zeit Lebensentwürfe nicht mehr vorgegeben sind. Darum ist die Bemühung für jeden von uns so notwendig, für sich eine individuell passende Lebenskarte zu erstellen. Das ist eine große Herausforderung. Dieses Buch kann dabei als Begleiter dienen. Bei dieser Begleitung geht es jedoch nicht um konkrete und wahre Antworten für sich und das eigene Leben. Auch aus dem einfachen Umstand heraus, dass es auf die zentralen Fragen des Lebens keine allgemeingültigen Antworten gibt. Was es aber gibt, sind Fragen. Fragen, zu denen jeder einzelne von uns passende Antworten hinzustellen kann, um für sich das Leben verstehbar zu erschließen und im Rahmen der Lektüre vielleicht sogar ein inneres Bild der eigenen Lebenslandschaft zu zeichnen. Um das Muster unserer Lebenskarte aber skizzieren zu können, müssen wir zuvor wissen, welche Zeichenstifte uns dafür überhaupt zur Verfügung stehen.

Menschwerdung bedarf des Wechselspiels der drei bereits erwähnten und der Menschwerdung zugrunde liegenden Wirkgrößen: der Biologie, der Sozialisation und der Kraft der eigenen Verwirklichung, die in ihrer unbewussten Form unser Grundpotenzial darstellt. Um zu verstehen, warum ein Mensch ist, wie er ist, braucht es sowohl Einsicht in die biologische Entwicklung als auch in die Einbettung in Umwelten, die Sozialisation.

Mit der Einsicht, wie das Leben sein soll, also der Einsicht in die eigenen Wünsche und Bedürfnisse, erlangt man Hinweise auf die Kraft, wohin es einen im Leben drängt. Wer man ist und wofür man steht.

Abhängig davon, welche der drei Wirkgrößen im Zentrum der Aufmerksamkeit steht, entwickelt sich das jeweilige Muster einer Lebenskarte. Herrscht Biologie vor, wird sich die Lebenskarte an den Polen der Neurobiologie und im Falle von Symptomen der Psychopharmaka ausrichten. Ist Sozialisation vorherrschend, wird sie sich an der Psychoanalyse orientieren. Damit verbunden sind jeweils Erkenntnisse und Einsichten. Aber man weiß mit diesen Einsichten noch nicht, wie man der Mensch wird, der man eigentlich ist. Das ist der Grund, warum es Sinn macht, den Fokus auch auf die dritte Wirkgröße zu richten.

Natürlich spielt die Biologie eine wesentliche Rolle. Natürlich spielt die Sozialisation eine wesentliche Rolle. Und natürlich spielt auch die Kraft der eigenen Verwirklichung eine wesentliche Rolle. Biologie und Sozialisation sind notwendige Voraussetzungen, um Mensch werden zu können. Sie definieren unsere Prägungen und machen uns zu einem kausalitäts-, also ursachendominierten Lebewesen: Wir sind aufgrund unserer Herkunft und Sozialisation, was wir sind. Aufgrund von A sind wir B. Und weil A durch unsere Herkunft und Sozialisation definiert ist, muss B eben B sein. Mit der dritten Wirkgröße wird uns aber die Möglichkeit gegeben, ein ganz persönliches Werdeziel zu entwickeln. Über die Kraft der eigenen Verwirklichung werden uns Einflussmöglichkeiten gegeben, um nicht nur kausalitätsdominiert zu leben. Diese

Einflussmöglichkeiten sind Stellschrauben, mit welchen wir wesentlich unser herkunfts- und sozialisationsdominiertes Leben verändern können. Ein Mensch bleibt natürlich immer kausal aufgrund der geschichtlichen Einbettung. Aber er kann darüber hinaus sein Leben auf ein inneres Werdeziel richten und wird so, was in ihm angelegt ist: ein kausalitäts- wie auch finalitäts-, also zielorientiertes Lebewesen. So können wir der Mensch werden, der wir eigentlich sind.

Für das Muster einer Lebenskarte stehen dabei nicht so sehr eine definitive Klärung und ein Begreifen dieser drei Begriffe im Vordergrund – so wichtig und wertvoll das ist. Wesentlich ist vielmehr, in welcher Form des Wechselspiels diese drei Wirkgrößen zusammenspielen. Und zwar deswegen, weil es einen großen Unterschied bei der Entwicklung einer inneren Landkarte macht, auf welche der drei Wirkgrößen man sich im Wesentlichen für die eigene Lebensentwicklung stützt.

Im Vordergrund steht daher, sich vom Sein der dritten Wirkgröße, dieses im Menschen vorhandenen Energiepotenzials, begeistern zu lassen. Energie ist immer dann ein Potenzial, wenn sie latent – also wie schlafend – vorhanden ist. Mit Wissen und Begeisterung über das Vorhandensein dieses Energiepotenzials kann es geweckt werden. Biologie und Sozialisation können so auf ein passendes Maß reduziert und adaptiert werden. Entscheidend für das gelingende Leben bleibt also die Begeisterung für die Kraft der dritten Wirkgröße. Diese Wirkkraft wurde mit anderen Begriffen von Aristoteles oder Ernst Häckel beschrieben, um dann über den Weg der Psychoanalyse und der humanistischen Psychologie hier erneut beschrieben zu werden. Ob Entelechie, Lebenskraft, Kraft der eigenen Verwirklichung, Selbstwirksamkeit, Resilienz oder Selbstaktualisierung genannt, diese Begriffe meinen stellvertretend sehr Ähnliches. Das Bestreben liegt darin, dass sich diese dritte Wirkgröße in diesem Buch ganz natürlich erschließt. Für dieses Erschließen und die leichtere Nutzbarkeit im Leben wird sie – die Kraft der eigenen Verwirklichung – hier in vier Phasen unterteilt:

In ihrer unbewussten Form erhält sie den sprachlichen Ausdruck Grundpotenzial. Mit dem einsetzenden reflexiven Bewusstsein kann das Grundpotenzial bewusst erlebt und damit in einem Traum vom gelingenden Selbst sprachlich ausgedrückt werden. Entsteht daraufhin in einer inneren Landkarte eine klare Kontur des persönlichen Werdeziels, ist dieser Traum vom gelingenden Selbst fortan eine in der Zukunft liegende Realität. Durch tägliches Tun formen wir uns zu dem in der Zukunft gelegenen Werdeziel und der Mensch wird, was er ist. Das Leben erhält so seine ganz persönliche und erfüllende Note. Wie äußert sich nun dieses latent vorhandene Energiepotenzial in uns? In welchen Situationen ist es uns möglich, dieses in uns angelegte Grundpotenzial im eigentlichen Sinn des Wortes wahr-zu-nehmen?

Es sind meist die Situationen im Leben, in denen wir einen nicht gewünschten Zustand erleben. Dieser Zustand gleicht oft einem Feuerwerk an Befindlichkeiten. Dieses Feuerwerk entsteht durch das frontale Aufeinandertreffen von Kräften: der Kraft, die von unserem aktuell wahrgenommenen Selbst in einer ganz konkreten Situation ausgeht, und der Kraft, die von unserem Grundpotenzial oder von seinem sprachlich bereits formulierten Traum vom gelingenden Selbst wirkt. Die bei diesem Aufeinandertreffen entstehende Reibungsenergie erleben wir in Form von Unwohlsein bis hin zu Symptomen. Der Schlüssel aus diesem Dilemma ist die Bewusstwerdung unserer seelischen Softwareprogrammierung – mit dem Ziel, dass beide Kräfte einem gemeinsamen Werdeziel entgegenstreben. Das Werkzeug dafür ist das reflexive Bewusstsein. Die Beschreibung dieses Prozesses und welchen Einfluss die Codierungen aus unserer Lebensgeschichte und unserer sozialen Umwelt dabei haben, stellt den Kern dieses Buches dar.

Da aber der Entwurf eines Musters für eine Lebenskarte, die ausschließlich die skizzierte individuelle Entwicklung umfasst, nicht ausreicht, werden einleitend auch die zentralen und allem zugrunde liegenden Fragen des Lebens gestellt. Woher kommen wir? Wohin gehen wir? Warum ist die Welt so, wie sie ist? Welchen Sinn hat unser Leben? Diese Fragen sind deshalb notwendig, damit wir als Menschen unseren Platz in einer Lebenskarte einordnen können. Dafür braucht es den Blick in die Nähe, eben den Blick auf die eigene Person, die Familie, auf das Beziehungs- wie das Arbeitsleben. Aber genauso braucht es einen Blick in die Ferne. Dort nämlich wird die Kultur sichtbar, die uns Menschen als Koordinatensystem umgibt. Dahinterliegend auch die Stammesgeschichte, die uns als einsichtsfähige Menschen mit psychophysischen Fähigkeiten ausgerüstet hat, um Kultur überhaupt entwickeln zu können. Unsere Stammesgeschichte baut wiederum auf der Grundlage unserer biologischen Entwicklung auf. Und noch weiter entfernt sind unsere chemischen und physikalischen Wurzeln sichtbar. Der Blick in die Ferne gibt uns also eine Ahnung, wie alles verbunden ist. Er ist hilfreich für ein Verständnis vom Ganzen, für eine Ahnung unserer eigenen Verbundenheit und damit auch hilfreich für den darauffolgenden Blick in die Nähe. Dieses Buch soll, wie bereits erwähnt, als Begleiter und Impulsgeber dienen. Es enthält weder Anleitungen noch fixe Rezepte, lediglich Benennungen von Etappen in den einzelnen Kapiteln. Sie dienen als eine Art Orientierung bei der Beschreibung des Themas anhand verschiedener Lebenskontexte. Es sind Einladungen zum Mitmachen ohne Vorgaben und Einladungen, sich das zu holen, was man will und was beim Erstellen der eigenen Lebenskarte als dienlich erscheint.

Die Etappe 1 zeichnet ein Gesamtverständnis der Menschwerdung nach, das Fragen unserer kosmischen, physikalischen, chemischen, biologischen, stammesgeschichtlichen und kulturellen Herkunft ebenso umfasst wie jene unserer individuellen Entwicklung und der Suche nach dem Wesen eines gelingenden Lebenszyklus. Wozu unsere Lebensgeschichte eben gut sein könnte.

In Etappe 2 wird auf das Ablegen von fremden Erwartungen eingegangen, darauf, warum das Denken und die Gefühle oft in Widerspruch stehen, und es wird insgesamt darauf eingegangen, dass frühkindliche Prägungen und soziale Einbettungen einen gewaltigen Einfluss auf unseren weiteren Lebensweg haben. Das Verständnis dafür hilft, diesen Prägungsweg aus der Kindheit bewusst abzulegen, wenn man den eigenen Weg gehen möchte.

Die Etappe 3 beschreibt, welche Fragen und Kompetenzen wichtig sind, um die eigene Lebensoase und das soziale Wasser, das uns umgibt, verstehen zu lernen. Es geht um das Prüfen, in welche Umwelt man überhaupt passt, um schlussendlich in einer passenden Lebensnische ankommen zu können. Denn machen wir uns dies nicht bewusst, laufen wir im Mobilitätsanspruch der heutigen Wirtschaftsform ständig fremdbestimmt etwas hinterher und können gar nicht beginnen, unseren eigenen Weg zu finden.

Die Etappe 4 schließt damit an, dass die ewige Suche nach der äußeren Freiheit, um dann erst die innere leben zu können, oft ein Trugschluss ist. Wo immer man hingeht, seinen Rucksack nimmt man mit. Die darin verpackten Probleme gilt es aufzulösen, will man nur auf dem geografischen Weg reisen und nicht zusätzlich zwischen verschiedenen seelischen Formen, wo wir zudem ständig Gefahr laufen, von der Vergangenheit eingeholt zu werden.

In den Etappen 5 und 6 geht es um das Verständnis der Arbeitsweise unserer seelischen Software, wie wir diese bewusst weiterentwickeln können und was es braucht, damit Veränderung stattfinden kann. Es wird beschrieben, wie wir Informationen verarbeiten, welchen Bezugsrahmen wir dafür bilden und was es für uns bedeutet, dass alle Erfahrungen in unserem bisherigen Leben in diesem Bezugssystem, dem persönlichen Referenzmodell, abgespeichert sind. Die Kunst des Lebens ist, dieses persönliche Referenzmodell im Prozess der Selbstreflexion, des Gesprächs mit uns selbst, so anzupassen, dass der Traum vom gelingenden Selbst die bestimmende Größe wird. Da aber jede Absicht auch immense Vermeidungskräfte auslösen kann, die die Umsetzung verhindern, geht es bei diesem Prozess der Selbstreflexion auch darum, den Feind aus dem eigenen Bett hinauszuwerfen. Dazu können Codierungen aus der Lebensgeschichte überprüft und als wertvoll weitergepflegt oder als Müll in den Mülleimer geworfen werden. Und dafür ist wiederum das Verständnis hilfreich, wie die Auseinandersetzung zwischen unserem Traum und unserem persönlichen Referenzmodell, das jeder von uns mitbringt, überhaupt abläuft.

Die Etappe 7 will zeigen, wie stark unser seelisches Softwareprogramm mit unserem Lebenskontext Gesundheit zusammenhängt. Auf welche Weise Krankheitssymptome entstehen können, welche Energien in unserer Seele durch die Abweichung unseres Selbstideals von unserem wahrgenommenen Selbst freigesetzt werden und wie sie auch gesund machend aus uns abgeleitet werden können.

Die Etappe 8 hat unseren Lebenskontext Arbeitswelt im Fokus. Was das Diktat des Homo oeconomicus als Bildungsideal für uns bedeutet und wie man auch bei dem Lebensthema Erwerbstätigkeit über den persönlichen Rubikon gehen kann – weg von nicht passenden Codierungen und vorherrschenden Denkstrukturen hin zu dem Tal einer gelingenden persönlichen Entwicklung, um auch wirtschaftlich ein selbstbestimmteres Leben zu führen.

Die Etappe 9 beleuchtet die offenen Rechnungen aus unserer Vergangenheit und warum es gerade sie sind, die uns oft einen Irrweg gehen lassen. Es wird unser oft lebenslanges Suchen nach Bestätigung an der falschen Stelle angesprochen und ebenso, was es braucht, um die Vergangenheit ruhen zu lassen.

In Etappe 10 geht es um unseren Lebenskontext Partnerschaft und menschliche Beziehung. Es geht um die Kunst des gemeinsamen Wachstums, darum, weshalb es keinen Anspruch auf Wahrheit gibt und warum es sich bei vermeintlichen Trennungsgründen oft um lösbare Anpassungsprobleme handelt. Denn treffen Menschen aufeinander, treffen immer auch unterschiedliche seelische Softwareprogramme aufeinander.

Der grundsätzliche Prozess der Veränderung bildet zum Abschluss die Etappe 11. Dass jeder letzten Endes sein eigener Experte ist und Veränderungen integraler Bestandteil des Lebens sind. Das Gefühl ist dabei der Motor, nicht das Denken darüber.

Im Epilog wird dann der Bogen wieder zum Ausgangspunkt, dem Verständnis vom Ganzen, gespannt. Konkret an den Fragen festgemacht, in welcher Zeit wir leben, welches kulturelle Koordinatensystem uns heute umgibt und wie wir unser Leben damit in einen Sinnzusammenhang bringen können. Denn es kann neben den Herausforderungen im eigenen, unmittelbaren Leben auch so etwas wie ein Unbehagen mit der uns umgebenden Kultur geben, sei es auf politischer oder sozioökonomischer Ebene. Und auch hier gilt es, die für sich passenden Antworten hinzuzustellen, um gegebenenfalls an einer Änderung der uns umgebenden politischen und wirtschaftlichen Koordinaten mitzuwirken.

# UNSERE WURZELN UND DIE WERKSTOFFE UNSERES LEBENS

## Das Verständnis vom Ganzen

Woher kommen wir?
Wohin gehen wir?
Welchen Sinn hat unser Leben?
Diese Fragen trennen,
was ursächlich eins war –
unser Leben und uns.

## Unsere materiellen und energetischen Wurzeln

Um unsere Fragen bewusst formulieren zu können, bedarf es einer eigenen Körperlichkeit. Richten wir unseren Blick sehr weit in die Ferne, werden unsere chemischen und physikalischen Wurzeln sichtbar. Setzen wir also hier unseren Anfangspunkt für ein Verständnis vom Ganzen und unser Eingebundensein in dieses Ganze. Unser Körper formt sich aus fünfundzwanzig unterschiedlichen Elementen, die sich im Periodensystem der Elemente finden. Überwiegend aus Wasserstoff, Kohlenstoff, Stickstoff und Sauerstoff. In geringerem Maße aus Eisen, Magnesium, Kalium, Natrium, Calcium und dann noch einigen anderen Elementen. Weiters besteht unser Körper aus Molekülen, die sich in der Anzahl und Anordnung ihrer Atome unterscheiden, die sich wiederum aus einer unterschiedlichen Anzahl von Elementarteilchen bilden. Wasserstoffatome in unserem Körper bildeten sich kurz nach dem Urzustand, die schwereren Elemente entstanden in massereichen Sternen.

Gewiss ist unser Eingebundensein seit Beginn des Urzustandes, dessen Auflösung als Urknall bezeichnet wird und vor etwa vierzehn Milliarden Jahren stattgefunden hat. Unser Körper bildet sich also aus Materie, die nicht in uns entsteht, sondern es ist die Materie eines geschichtlichen Prozesses, die sich uns zur Formung unseres Körpers zur Verfügung stellt. Somit sind wir in unserer materiellen Herkunft selbst Teil dieses geschichtlichen Prozesses. Ähnlich wie bei unseren materiellen Wurzeln verhält es sich mit unserer energetischen Herkunft. Leben entsteht, wenn ein Lebewesen ein Überlebensproblem für eine gewisse Zeit lösen kann. Die Währung zur Lösung des Überlebensproblems für gewisse Zeit ist Energie. Doch auch Energie kann wie Materie nicht neu entstehen. Die in uns wirksame Lebensenergie kommt von uns, ist jedoch nicht ursächlich von uns. Auch sie stammt aus dem Urzustand und stellt sich uns in umgewandelter Form als Lebensenergie zur Verfügung.

In der Verschmelzung von Ei- und Samenzelle entsteht unsere Erbanlage. Die Erbanlage ist aber auf sich alleine gestellt zu keinem Leben fähig, sondern stellt eine Grundlage dafür dar. Leben entsteht, wenn auf die Erbanlage zugegriffen wird. In der Verschmelzung von Ei- und Samenzelle vollziehen sich zwei Prozesse: zum einen die Bildung der genetischen Erbanlage. Zum anderen die Bereitstellung des Grundpotenzials – als latent vorhandenes Energiepotenzial, das uns in weiterer Folge die Formulierung eines individuellen Werdeziels ermöglicht. Dieses Grundpotenzial greift auf die Informationen der Erbanlage zu. Gemeinsam bildet das Grundpotenzial mit der Erbanlage Leben. Die Erbanlage kann im übertragenen Sinn als der genetische Fingerabdruck bezeichnet werden. In Analogie dazu kann das Grundpotenzial als der psychische Fingerabdruck verstanden werden. So, wie aber über der Genetik die Epigenetik liegt, also das Erbbild nicht das Erscheinungsbild ist, steht das Grundpotenzial nicht für den in Erscheinung tretenden Menschen. Zwischen dem Grundpotenzial und dem in Erscheinung tretenden Menschen gibt es etwas, das uns selbst entscheiden lässt, wie wir unser Grundpotenzial nutzen und wie wir in Erscheinung treten wollen: die figurale Plastizität. Im Rahmen dieser figuralen Plastizität bleibt es uns Menschen selbst überlassen, ob wir 50 oder 150 Kilogramm auf die Waage bringen, abhängig von Alkohol oder Lust leben, unser Sein tendenziell der Barbarei oder der ethisch als wertvoll empfundenen Menschlichkeit entgegenstrebt.

Es ist also die Unbestimmtheit, die das Menschsein ausmacht. Der eine Mensch kann dem anderen Wolf sein, ein anderer Mensch einem anderen Erlöser. Diese Entscheidungsfreiheit, wie wir also letztendlich in Erscheinung treten wollen, ist uns deshalb möglich, weil wir eine Fähigkeit besitzen, die das Lebewesen Mensch in seiner Ausprägung von anderen Lebewesen unterscheidet: das reflexive Bewusstsein. Unsere Lebensfragen bieten sich uns also im Prozess der figuralen Plastizität an. Daher können wir mit Offenheit und langem Atem Schritt für Schritt der Mensch werden, der wir werden wollen.

## Unsere stammesgeschichtliche Herkunft und Kultur als Koordinatensystem

Unsere Stammesgeschichte basiert auf der Grundlage unserer biologischen Entwicklung und hat uns als einsichtsfähige Menschen mit psychophysischen Fähigkeiten ausgerüstet, um Kultur überhaupt entwickeln zu können. Erste Menschenartige traten vor etwa sechs Millionen Jahren auf die Lebensbühne. Mit ihnen ergab sich die fundamentale Änderung, dass sich ihre weitere

Entwicklung nicht mit der regelmäßig im Rahmen der biologischen Evolution auftretenden Mutationsrate erklären lässt. Der Zeitrahmen ist einfach zu kurz. Etwas muss zusätzlich zur biologischen Evolution hinzugekommen sein – der Einfluss der Kultur auf die menschliche Entwicklung. Der Mensch hat sich also aus der Natur zu dem entwickelt, was den Menschen als Mensch definiert: zu einem Wesen mit der Fähigkeit, Kultur zu erschaffen und an die nächste Generation weiterzuleiten. Dies führte zu einem Lebewesen, das als der einsichtsfähige Mensch bezeichnet wird.

Der einsichtsfähige Mensch, der vor ungefähr 150 000 Jahren die Lebensbühne betrat und sich vor etwa 55 000 Jahren aufmachte, von Afrika aus den Planeten Erde zu besiedeln, unterschied sich biologisch nicht wesentlich von uns. Vielmehr zeigen alle heute lebenden Menschen aufgrund der geringen Unterschiedlichkeit in der mitochondrialen DNA, dass sie von einer einzigen kleinen Gruppe einsichtsfähiger Menschen abstammen. Würden sie von mehreren Gruppen abstammen, ergäbe sich ein größerer Unterschied in der DNA, was nicht der Fall ist. Es ist faszinierend, dass sich alle menschlichen DNA-Linien auf einen einzigen Ursprung zurückführen lassen. Die Abstammung aller heute lebenden Menschen von dieser kleinen Ursprungsgruppe, wahrscheinlich waren es etwa 200 oder einige wenige mehr, macht verständlich, warum die Beobachtung von Lebenswegen verschiedenster Menschen sich wiederholende Lebensmuster erkennen lässt. Obwohl in so großer Vielzahl vorhanden, gegenwärtig sieben Milliarden, sind sich

Menschen sehr ähnlich. Menschen der westlichen Kultur meinen in ihrer Individualität mehr Unterschiedlichkeit zu entdecken, als dies der Fall ist. Die Kontinuität der mtDNA ist vielmehr der Beweis, dass Menschen biologisch miteinander eng verwandt sind und aufgrund der Genetik keine Grenzen gezogen werden können.

Unterschiede zwischen Menschen ergeben sich vielmehr aus den unterschiedlichen Kulturen, die einen Anpassungsdruck an den sich entwickelnden Menschen ausüben, sodass dieser früher oder später kulturtypisches Verhalten zeigt. Wenn wir uns beispielsweise in Frankreich, Deutschland, Brasilien, Kanada oder Australien befinden, werden uns Unterschiede im Verhalten der Menschen auffallen. Franzosen verhalten sich anders als Australier, Deutsche anders als Kanadier. Dies hängt mit der Strukturierung der menschlichen Entwicklung innerhalb der jeweiligen Kultur zusammen. Kultur schafft einen Raum aus Ideen, der Menschen umgibt. Die Ideen strukturieren den Raum als Koordinatensystem und der Mensch passt sich diesem an, indem er sich innerhalb der akzeptierten Spuren von Konventionen bewegt. Will man ursprüngliches menschliches Verhalten verstehen, müssen Kinder im frühen Alter bis zum zweiten Lebensjahr studiert werden. Im späteren Alter ist das Verhalten durch Kultureinflüsse zu stark geprägt, wodurch sich die Originalität der Beobachtbarkeit entzieht. Hierbei lässt sich feststellen, dass sich Menschen von Primaten in einem unterscheiden: der Fähigkeit zur Wir-Intentionalität. Das bedeutet, Kinder im Alter von zwölf Monaten können bereits anders als Schimpansen Absichten eines anderen Menschen erkennen und sind instinktiv bereit, den anderen bei der Realisierung seiner Absichten zu unterstützen.

Der Mensch ist also originär auf Kooperation ausgelegt. Unterstützt wird dies dadurch, dass der Mensch als einziges Säugetier einen weißen Augapfel hat und sich so seine Blickrichtung aus der Ferne erkennen lässt. Die Fähigkeit, gemeinsame Absichten zu bilden, wird als entscheidender evolutionärer Entwicklungsschritt gesehen, weil dadurch Personen übergreifende und dem anderen dienliche Handlungen möglich werden und die biologische Grundlage für die Entwicklung von Kultur gegeben ist.

Die Basis für gemeinschaftliches Handeln liegt also in der originär vorliegenden Fähigkeit des Menschen zur Kooperation. Durch Wiederholung der Handlungen und Übertragung an die nächste Generation entsteht ein über die Generationenfolge aufbauendes Handlungsgefüge, das als Wagenhebereffekt bezeichnet wird. Damit wird ausgedrückt, dass menschliche Handlungen über den Generationenverlauf in Bezug auf die zu erreichenden Ziele immer wirkungsvoller werden. So wird auch verständlich, wie der einsichtsfähige Mensch in nur 6000 Generationen und in einem Zeitrahmen von nur 150000 Jahren mit der Kultur ein der Natur gegenüberstehendes Wirkungsgefüge erzeugen konnte. Dabei verbrachte der Mensch den Großteil dieses Zeitrahmens in kleinen Gruppen von bis zu 250 Menschen. Erst durch den Ackerbau wurden die Nahrungsreserven erheblich gesteigert, wodurch Generationen überdauernde

Siedlungen gegründet werden konnten. Über die Form des Menschseins im Leben der Gruppen ist wenig bekannt, viel hingegen über das Menschsein der letzten 10 000 Jahre. Daher bezieht sich der Begriff Kultur im engeren Sinne irrtümlicherweise auf diesen kurzen Zeitabschnitt.

Was bedeutet nun die Kultur für unsere individuelle Entwicklung? Sie umgibt uns Menschen als ein Koordinatensystem, an dem wir uns orientieren. Auch die Unbestimmtheit unseres Grundpotenzials strukturiert sich an der uns umgebenden Kultur. Für die individuelle Entwicklung bedeutet das: Zufall ist möglich. Viel wahrscheinlicher ist jedoch die Notwendigkeit einer bestimmten individuellen Entwicklung, abhängig von der jeweiligen kulturellen Struktur.

Ein menschliches Dilemma ist jedoch kulturübergreifend – auch eine noch so passende Umwelt vermag nicht vor der Ausprägung menschlicher Laster zu schützen. Menschliche Entwicklung liegt zwischen den Polen Wachstum und Schwerkraft. Mit Schwerkraft ist der Verfall des Menschen in seine Niederungen gemeint, der Hochmut, Starrsinn, Selbstmitleid, Maßlosigkeit, Gier, Bösartigkeit umfasst. Ihnen stehen Eigenschaften gegenüber, die menschliches Wachstum fördern und infolgedessen als gut bezeichnet werden: Klugheit, Gerechtigkeit, Besonnenheit, Tapferkeit, Gewissenhaftigkeit, Verantwortlichkeit, Achtsamkeit, Liebe, Hoffnung, Glaube. Letztlich bleibt es jedem Menschen selbst überlassen, täglich aufs Neue zu prüfen, welchem der beiden Polen er sich zuwendet.

Anzumerken ist, dass sich – je nach Ansicht – zu den beiden Erscheinungsformen Kultur und Natur noch eine dritte hinzugesellen kann, die Religion. An Natur und Kultur Glaubende sehen darin keine dritte Form, sondern verstehen das Ziel religiöser Gedanken dahingehend, das Leben individuell und in Gruppen erträglicher zu machen. Entsteht im einzelnen Menschen Gewissen als Verhaltenskoordinator für das Zusammenleben, entwickelt die Gemeinschaft als Verhaltenskoordinator ein Über-Wir als Religion. An Religion Glaubende verstehen hingegen überirdisches Wirken dahingehend, dass es den Menschen zur Begegnung einlädt, sich ihm offenbart und in Form einer unsichtbaren Hand das Weltgeschehen leitet. Beide Lager verbindet die Erkenntnis, dass sich Gläubigsein nicht im Glauben an eine heilige Schrift definiert, sondern dadurch, diese notfalls auch selbst schreiben zu können.

## Konfiguration und die Werkstoffe unseres Lebens

Von den drei Phasen individueller Menschwerdung haben wir zwei umrissen: erstens unsere originäre Anlage zur Kooperation und zweitens unsere Übernahme von Konventionen der jeweiligen Kultur. Bleibt als dritte die Phase der Konfiguration, in der wir in die Lage versetzt werden, uns im Rahmen der figuralen Plastizität die uns entsprechende Erscheinungsform zu geben. Die Phase der Konfiguration ist zentral, da in ihr der Kern der individuellen menschlichen Entwicklung gelegt wird, und ihre

Beschreibung könnte für uns als entwickelte Menschen in einer Hochzivilisation am wichtigsten, wertvollsten und interessantesten sein.

In der Gehirnaktivität zeigt sich die beginnende Konfiguration eines Menschen mit EEG-typischen Alphawellen, die ab dem sechsten Lebensjahr auftreten. Es ist die vierte von insgesamt vier Entwicklungsstufen der individuellen Entwicklung des Gehirns. Menschwerdung ist also möglich, weil das Gehirn die Formung der menschlichen Psyche möglich macht. Als erste Stufe entwickelt sich ab der siebten Schwangerschaftswoche die vegetativ-affektive Funktion. Dann folgt die emotionale Konditionierung. In dieser vorgeburtlichen und frühkindlichen Phase ist das Lebewesen Mensch auf die Sprache der Natur, auf Emotion, angewiesen. Der Kontakt mit seiner Umwelt findet über Gefühlswahrnehmung und Gefühlsausdruck statt. In der dritten Phase, beginnend mit dem dritten Lebensjahr, erfolgt die Entwicklung des Individualbewusstseins, das durch die Zusammenarbeit des Zwischenhirns mit evolutionär alten Teilen der Großhirnrinde möglich wird. Die vierte Stufe mit der Ausbildung der kognitiv-kommunikativen Funktion ab dem sechsten Lebensjahr findet in den Assoziationsbereichen der Großhirnrinde statt, die evolutionär gesehen die jüngsten Areale sind. Bis zum Alter von sechs Jahren befindet sich das menschliche Lebewesen in einer Weise mit seiner Umwelt in Kontakt, die als „wie hinter einer Glasscheibe wirkend“ beschrieben werden kann. Evolutionär verständlich wird dies, da der junge Mensch sein Überlebensproblem nur innerhalb der von ihm vorgefundenen menschlichen Beziehungen lösen kann. Anpassungsfähigkeit ist die Grundlage dafür. Der junge Mensch scannt also ständig seine Umwelt. Die in der Umwelt liegenden Verhaltens- und Wirkregelwerke erzeugen ein inneres Koordinatensystem, innerhalb dessen sich der Mensch zu bewegen lernt. Die Übernahme von Regelwerken, sogenannten Konventionen, wird Zivilisation genannt und bedeutet die langfristige Umwandlung von Außenzwängen in Innenzwänge. Diesen Prozess beschreibend ist das Wort Zwang in seiner Schärfe zwar nicht passend, wird aber in der Zivilisationstheorie gebraucht. Passender ist das Verständnis, dass ein Mensch, um seine psychophysischen Fähigkeiten entwickeln zu können, auf menschliche Umgebung angewiesen ist. Diese wird als Kultur bezeichnet, und wenn in ihr ein das Verhalten steuerndes Regelwerk erkannt wird, spricht man von Zivilisation. Ohne menschliche Einflussnahme kann sich ein Mensch also nicht zu einem Menschen entwickeln. Dies spiegelt sich auch im Begriff der dualen Vererbung des Menschen wider, der sowohl die biologische als auch die kulturelle Evolution umfasst.

Stammesgeschichtlich lernte der Mensch, die ästhetischen Beziehungen der Natur durch seine Erkenntnisfunktion zu lesen, und schuf darauf basierend Kultur. Im Generationen übergreifenden Prozess verlieren Hochkulturen jedoch ihren originären Bezug, wodurch sich der Mensch in seinem Bezug zu sich und seiner Umwelt entfremden kann.

Deshalb ist für uns als Mitglieder einer Hochkultur die Anbindung an ursprünglich Menschliches wichtig, um vor lauter Bäumen den Wald nicht zu übersehen. Gemeint sind die vielschichtigen kultureigenen Denkkonstruktionen, die scheinbare Wahrheiten über das Menschsein erzeugen und dabei den Wesenskern des Menschlichen übersehen können. Ein Leben wird, wenn innerhalb eines Ismus erfolgend, nur noch schwer als gelingend erlebt werden. Aber dem können wir begegnen.

Durch Prägungen unserer Umwelt sowie die Einbettung als individueller Mensch in einen gesamtgeschichtlichen Prozess entwickeln wir uns zu einem kausalitätsdominierten Lebewesen. Im Akt der individuellen menschlichen Entstehung wird uns aber auch ein singulärer Keim an Energie zur Verfügung gestellt: das Grundpotenzial. In diesem singulären Keim finden sich keine Ordnungen oder Strukturierungen, sondern nur die potenzielle Fähigkeit, Arbeit in Richtung individueller Menschwerdung zu verrichten. Im Rahmen dieser Individualentwicklung erfolgt nun ein strukturierender Prozess des Grundpotenzials, indem unterschiedlichen Bereichen Energie zur Lösung des Überlebensproblems zugeordnet wird. Abhängig von der Umwelt, aber auch von der Widerstandskraft des jeweiligen Menschen bilden sich dabei Energiereserven, auf die der Mensch für den Prozess seiner persönlichen Entwicklung und der Formung seines inneren Werdeziels zugreifen kann. Die Formung eines inneren Werdeziels schafft Abgrenzung gegenüber übernommenen Zielsetzungen. Dabei entspricht das innere Werdeziel zunächst einer in der Zukunft liegenden Realität, die aber durch den Lebenslauf wirklich werden kann.

Menschwerdung vollzieht sich also sowohl in der Kausalität des geschichtlichen Prozesses wie auch in der Finalität auf ein Werdeziel. Beide Bereiche sind integrale Bestandteile eines gelingenden Lebenszyklus. Die im Koordinatensystem der Zivilisation übermittelte Sollensordnung hinsichtlich der individuellen menschlichen Entwicklung wandelt sich in eine Seinsordnung, indem der Mensch wird, was er potenziell werden kann.

Konfiguration umfasst also beide Bereiche, die abgrenzende und die Personen übergreifende Menschwerdung. Abgrenzend bedeutet, ein Mensch wird durch die Kraft seines Werdeziels und den damit unweigerlich verbundenen Widerstand seiner Umwelt in der Einzigartigkeit seiner Form sichtbar. Personen übergreifend, indem sich der geformte Mensch einem geschichtlichen Prozess zur Verfügung stellt. In beiden Bereichen wird mit dem entstehenden Individualitätsbewusstsein die Phase der sich anpassenden menschlichen Entwicklung um die personentypische menschliche Entwicklung, die Konfiguration, erweitert. Möglich wird dies mit der Fähigkeit der kognitiv-kommunikativen Funktion im Gehirn, durch die sich der dialogische Kontakt zur Außenwelt um den dialogischen Kontakt des Menschen in seiner Innenwelt erweitert. Um die Konfiguration über einen anderen Weg leichter zugänglich zu machen, möchte ich dazu folgendes Beispiel geben:

Vor Jahren saßen meine Familie und ich auf den Stufen eines Museums in Florenz. Wir betrachteten die Davidstatue rechts neben uns und waren beeindruckt von ihrer Schönheit. Jetzt wollen wir uns den Entstehungsprozess der Statue vorstellen. Ein Künstler, Michelangelo, hat etwa vier Jahre daran gearbeitet, also ist langer Atem notwendig, um Ansprechendes entstehen zu lassen. Der Künstler wird am Beginn ein Motiv in sich getragen haben. Grundlage einer Motivation ist immer ein Gefühlszustand, der der vegetativ-affektiven Ebene entstammt. Diese ist die basale Ebene, die uns ein Aktivierungs- und Aufmerksamkeitsniveau zur Verfügung stellt, um überhaupt etwas entstehen zu lassen. Vor dem geistigen Auge des Künstlers verdichten sich also die Linien zu einer Figur. Sie ist für ihn so wichtig, dass sich die Gedanken immer wieder um die Figur drehen.

Die im Inneren entstehende Figur formt sich kausal aus den Prägungen, der emotionalen Konditionierung, des Künstlers, und final aus einer Vorahnung darüber, welche Figur er haben will. Die Vorstellung der Figur drängt sich zunächst unbewusst in der Gefühlslandschaft auf. Sie treibt ihn an, an dem Thema zu bleiben. In der kognitiv-kommunikativen Funktion tritt der Künstler mit sich in Kontakt, lernt die Figur zu artikulieren, etwa indem er über sie spricht oder Zeichnungen anlegt. Schließlich wird die Figur für den Künstler gedanklich in vollkommener Klarheit sichtbar. Der Künstler hat seine kausale Anlage mit einer finalen Vorstellung gelingend als Zielbild formuliert.

Er überlegt nun, aus welchem Material die Figur bestehen soll, geht in einem Steinbruch auf die Suche, um den passenden Marmorblock zu finden. In täglicher und nächtlicher Werkstattarbeit formt er den Marmorblock mit Hammer, Meißel, Feilen und Schmirgelpapier. Der

Künstler legt durch den Widerstand, den er über die Werkzeuge dem Block entgegensetzt, die Figur aus dem Marmorblock frei. Das in Gedanken vorliegende Zielbild hat sich von einer in der Zukunft liegenden gedanklich-energetischen Realität in eine materielle Wirklichkeit gewandelt. Die Vorstellungskraft drängt Gedanken zur Umsetzung in ihrer materiellen Form. Zwischen Denken und Tun ist kein kategorialer, sondern nur ein dimensionaler Unterschied: Gedanken sind Handlungen mit niedrigen Energiequanten und Tun Handlungen mit hohen Energiequanten. Der Künstler hat sich mit der Figur also von einer Sollensordnung – derjenigen, wie eine Figur aussehen soll – in eine Seinsordnung – wie er die Figur haben will – hineinentwickelt.

Die Statue und die Künstlerperson lassen sich getrennt betrachten. Nicht so wir. Indem wir werden, was wir werden können, sind wir Künstler und geschaffenes Kunstwerk in einem. Wohl deshalb gilt das Leben als die schwierigste und zugleich am meisten erfüllende Aufgabe. Ignoriert der Künstler die Eigenschaften des Werkstoffs Marmor, wird keine gelingende Figur entstehen. Ignorieren wir die Werkstoffe unseres Lebens, wird kein gelingender Lebenslauf entstehen. Die Werkstoffe unseres Lebens sind unser Körper und unsere Psyche. Auf Basis der biologischen Figur entwickelt sich die psychische. Beide werden und sind zugleich von Beginn an eine Einheit. Darum wird unser Körper stetig mehr ein Abbild unserer Psyche.

Der Werkstoff Körper soll bei unserem Blick in die Ferne und der Beleuchtung einiger Grundsätze unseres

Lebens nicht fehlen. In der menschlichen Lebensspanne lassen sich mehrere biologische Grundphasen unterscheiden: Am Beginn steht der Eintritt in den Lebenszyklus mit der Befruchtung der Eizelle durch die Samenzelle. Daran schließen die Embryonalentwicklung und Fetogenese an, also die Bildung der Organanlagen und die weitere Entwicklung bis zur Geburt. Es folgt das Säuglingsalter bis zum Ende des ersten Lebensjahres. Dann die Kindheitsphase von zwei bis 13 Jahren. Jugend oder Adoleszenz wird der Zeitraum zwischen dem 13. und dem 21. Lebensjahr genannt. Anschließend leben wir das frühe, mittlere und hohe Erwachsenenalter, um mit dem Tod als Austritt aus dem irdischen Lebenszyklus zu enden.

Unsere Lebensspanne wird dabei allein biologisch durch die Anzahl möglicher Zellteilungen limitiert. Menschliche Körperzellen können sich etwa 60-mal teilen. Das hat mit den Enden der Chromosomen, den Telomeren, zu tun. Mit jeder Zellteilung werden diese verkürzt. Unterschreiten sie eine gewisse Länge, ist eine Zellteilung nicht mehr möglich. Nach der letzten Zellteilung üben Körperzellen ihre Funktion noch aus. Das Ende des Gesamtorganismus ist jedoch absehbar, da sich die Körperzellen nicht mehr durch Zellteilung erneuern können. Aus diesem Grund können Menschen keine wesentlich höhere Lebenserwartung als etwa 110 Jahre erreichen, wenn sie nicht zuvor durch Unfall oder Krankheit gestorben sind.

Körperliches Wachsen und Altern definiert den Rahmen unseres Lebenszyklus. Altern ist ein Interessenkonflikt zwischen dem Gesamtorganismus und den Fähigkeiten der individuellen Zelle. Offenbar waren im evolutionären Kontext die Fähigkeit zur Fortpflanzung sowie der Entstehungsprozess neuer Organismen wichtiger als der zeitlose Erhalt einzelner Lebewesen. Die Embryogenese ist nämlich so komplex, dass wir annehmen können, der evolutionäre Prozess hätte das Problem des Alterns gelöst, wäre dies wichtig gewesen.

Die Grundphasen unserer Lebensspanne kondensieren also an zwei Extrempolen, der Befruchtung und dem Tod. Weiters lässt sich unser Lebenszyklus an einem für uns wesentlichen Begriff festmachen, dem des Begehrens. Zu Beginn entsteht mit der körperlichen Geburt eine Fülle an Begehren. Mit dem Bedürfnis nach Nahrung, Wärme, Geborgenheit, Sicherheit, Nähe, Liebe, Fürsorge und menschlicher Anteilnahme zeigt das neue Leben ein hohes Maß an Begehren. Mit dem Tod erlischt jedes Begehren, kann ein Mensch vom irdischen Leben nichts mehr begehren wollen. Zwischen diesen beiden Polen, körperlicher Geburt und Tod, spannt sich in den unterschiedlichen Lebensphasen ein unterschiedliches Maß an Begehren. Für einen gelingenden Lebenszyklus muss es also Phasen geben, in denen ein Lebewesen – auf der Suche nach seiner Erfüllung – einen Überschwang an Begehren erlebt. Ebenso muss es Phasen geben, in denen ein Mensch lernt, auf das Begehren als Vorbereitung auf den Tod zu verzichten.

Wenn wir also die Werkstoffe unseres Lebens, Körper und Psyche, in Hinblick auf einen gelingenden Lebenszyklus betrachten, drückt sich Menschwerdung am stärksten in zwei Zeitabschnitten aus: einerseits bei der körperlichen und anderseits bei der psychischen Geburt als dem Lebensabschnitt, in dem wir ansatzweise erkennen, der Mensch zu werden, der wir potenziell werden können. Dadurch ergänzen wir die körperlich-biologische Einzigartigkeit um unsere psychische Individualität.

## Der Sinn des Lebens findet im Zwischenraum statt

Das Bedürfnis, dem Leben Sinn zu verleihen, hält den Lebensbogen in Spannung. Leben ist ein Wechselspiel zwischen Dehnung und Überdehnung zur Auslotung der passenden Form. Stellen wir uns einen Luftballon vor. Auch der entfaltet nur mit der passenden Menge Luft in seinem Inneren die für ihn passende Form – ohne überdehnt zu sein oder gar zu platzen oder durch zu wenig Luft schrumpelig zu erscheinen. Lebenssinn entsteht vor dem Hintergrund von Sinnhaftigkeit, Verstehbarkeit und Machbarkeit, also einer bestimmten Ausprägung von Gewissheit. Ein Übermaß an Gewissheit ist jedoch gefährlich, weil das Leben so seinen Fluss verliert, sich aufstaut, bis ein Damm bricht, was zur Katastrophe führt. In einem Übermaß an Gewissheit versucht ein Mensch zudem, eine passend eingerichtete Lebensnische vor Veränderung zu bewahren. Der Lebensbogen besteht aber aus den wiederkehrenden Phasen „eingerichtet leben", „Veränderung" und „pionierhafter Aufbruch". Dort, wo Sinn ist, ist Leid verpackt. Denn nur wer in einer passend eingerichteten Lebensnische lebt, erfährt beim Abschied

Schmerz. Die Frage nach dem Sinn zielt darauf ab, wozu die Lebensgeschichte gut sein könnte. Wir stellen dem Leben Fragen und erhalten Antworten, die anders sind, als wir in einer Vorahnung über die Beantwortung der Fragen erwarten können.

Der Sinn des Lebens kann nur echt sein, wenn er das Rezept unserer Innen- wie Außenwelt enthält, eine Mischung aus Gegebenem, Geschenktem und Geschaffenem ist. Nur auf Erdachtes zu setzen, bedeutet, der Welt zu sagen, wie es ist. Ein Welpe kann sich nur zu einem Hund seiner Art entwickeln und zugleich eine zutiefst individuelle Lebensform werden. Ein Fohlen kann nur ein Pferd seiner Art werden und zugleich zutiefst einzigartig sein. Als Kind können wir uns nur zu einem Menschen entwickeln und zugleich höchstpersönlich in der Verwirklichung unseres Traums von unserem gelingenden Selbst wirklich werden. Unser Lebenssinn eröffnet sich uns in einem Wechselspiel zwischen uns und unserer Wirklichkeit. Ähnlich wie bei der Frage nach dem Sinn eines Gedichts, ob er im Werk selbst liegt oder der Leser ihn in das Werk hineinträgt, lautet die Antwort Weder-noch. Texte und Leser hängen wechselseitig voneinander ab, der Sinn entsteht im Zwischenraum.

Die Suche einer Antwort auf die Frage nach dem Sinn des Lebens bedeutet einerseits, danach zu fragen, woraus sich das Leben zusammenfügt, und anderseits auf der Suche nach dem Wesen eines gelingenden Lebenszyklus zu sein. Auf die erste Frage ergeben sich vielfältige Antworten, weil jeder Mensch seinen Lebenssinn, ob klug oder gar verrückt, konstruieren kann und dieser erst im Lebenslauf einer Prüfung durch die Wirklichkeit unterzogen wird. Hier zeigt sich, ob Weiteres darauf aufbauen kann oder ob sich der konstruierte Lebenssinn als nicht dienlich herausstellt. Mit der Integration der zweiten Frage ist die Gefahr, einem Irrweg zu folgen, um ein Vielfaches geringer. Wird die Frage nach dem Sinn des Lebens um die Frage nach dem Wesen eines gelingenden Lebenszyklus erweitert, kommen wir zu einer einfachen Antwort: Das Leben braucht beides, das reflexive Bewusstsein und die soziale Praxis. Folgt man der praktischen Ausübung eines gelingenden Lebens, erlangt man mit sehr hoher Wahrscheinlichkeit ein inneres Wohlbefinden, das Tun und Sein zugleich ist. Im von der Umwelt positiv beantworteten Tun ergeben sich Antworten auf die Frage nach dem Sinn des Lebens beinahe wie durch ein Wunder von selbst. Der Sinn des Lebens ergibt sich so in einem sprachlichen Ausdruck seines Grundpotenzials durch Nutzung des reflexiven Bewusstseins und in der Praxis des Lebens. Somit ist der Sinn des Lebens nicht nur eine schwebende Idee, sondern auch eine bestimmte Art zu leben.

Die Arbeit für Lebenssinn ist eine, wenn nicht die höchstpersönliche Tätigkeit des Lebens, die sich kein Menschen abnehmen lassen sollte. Wir leben in einem Zeitalter, das uns seit zumindest drei Jahrhunderten auffordert, selbst zu denken, damit wir uns selbst aus der Unmündigkeit befreien. Das bedeutet nur, zu erkennen, dass wir in einer Sollensordnung aufgezogen werden, um uns in eine höchstpersönliche sach-, menschen- und gesellschaftsgerechte Seinsordnung hineinzuentwickeln.

Im gelingenden Lebenszyklus formt sich das Grundpotenzial in jedem Lebenskontext, ob Arbeit, Familie oder Partnerschaft, zu einem sprachlichen Ausdruck, nämlich dem jeweiligen Traum vom gelingenden Selbst. Dies geschieht in der Auseinandersetzung mit sich selbst. Zusammen ergeben die Träume vom gelingenden Selbst den Traum vom gelingenden Leben. In der praktischen und sozialen Lebensweise fügt sich dann der höchstpersönliche sprachliche und gestische Ausdruck eines Menschen in seinen Lebenszyklus ein und wird so zu dem, was bleibt. Ein Beitrag zur Formung des Koordinatensystems, das künftige Generationen umgibt.

Die praktische und soziale Lebensweise geben also eine stabile Lebensstruktur, ein stabiles psychisches Grundgerüst, auf dem Ideen – der Traum vom gelingenden Selbst – aufbauen können. Dabei geht es nicht nur darum, in einer bestimmten Tätigkeit erfolgreich zu sein, sondern darüber hinaus darum, unserem Potenzial als Mensch gerecht zu werden.

Um aber unserem Potenzial als Mensch gerecht zu werden, müssen wir uns erst bewusst werden, was unser eigentlicher Lebenstraum ist. Denn am Beginn leben wir zumeist in einem unbewussten Lebensplan, bei dem unsere soziale Einbettung die Führungsrolle übernommen hat. Es geht also zunächst um das Ablegen von fremden Erwartungen, weg von dem, was man eigentlich sollte. Denn nicht selten legt schon unsere Berufswahl ein deutliches Zeugnis unseres unbewussten Lebensplans ab.

# DEN UNBEWUSSTEN LEBENSPLAN ABLEGEN

## Die Bedeutung der Erziehung

**Wenn wir erreichen, was wir immer erträumt haben, aber dennoch nicht glücklich sind, dann hat das oft einen einfachen Grund: Es war nicht unser Traum, den wir da erfüllt haben.**

## Die unbewusste Berufswahl und der eigene Lebenstraum

Der unbewusste Lebensplan ist die Fortsetzung von Erwartungen anderer Menschen in einem selbst. In diesem Lebensplan werden Wünsche und Bedürfnisse anderer, meist der Eltern, ausgelebt. Da es nicht die eigenen Wünsche und Bedürfnisse sind, denen man folgt, kann man sich in diesem Lebensplan nicht wiederfinden. Er passt einfach nicht. Dass es überhaupt zu einem nicht passenden Lebensplan kommt, hat viel mit einem der drei Akteure zu tun, die bei der Programmierung unserer seelischen Software zusammenspielen. Diese drei Akteure sind der gesellschaftliche Code, die soziale Einbettung und die persönliche Entwicklung. Der unbewusste Lebensplan entsteht oft durch die soziale Einbettung, die Familie. Das Kind weiß unbewusst, dass es ohne die Fürsorge von Vater und Mutter nicht überleben kann. Deshalb ist ein Grundbaustein menschlicher Entwicklung die Anpassung an Vater und Mutter. Diese Fähigkeit zur Anpassung ist eine gesund machende Eigenschaft in der körperlichen Entwicklung, sie kann aber zu seelischen Problemen im erwachsen werdenden Kind führen. Dann nämlich, wenn der von den Eltern vorgegebene Lebensplan vom eigenen Traum vom gelingenden Selbst abweicht. Dann entsteht ein Konflikt, der krank macht.

Nehmen wir als Beispiel eine junge Frau, Sophie, die genau diesen Konflikt erlebt. Sophie steht kurz davor, ihr Medizinstudium erfolgreich abzuschließen. Es geht ihr gut, müsste man meinen. Nach Jahren intensiver

Studienarbeit und auch vieler administrativer Hürden, die heute ein Studium mit sich bringt, kann sie sehr zufrieden mit ihrer Leistung sein. Sie hat es fast geschafft und kann sich auf das Leben, das vor ihr liegt, freuen. Ein Leben als Ärztin. Trotzdem ist sie wie so oft auf der Suche nach ihrem Leben. Ist mit ihrem Lebensweg nicht zufrieden, kann aber nicht herausfinden, warum es ihr nicht gelingt, ihr Ding durchzuziehen. Bald hat sie den Doktortitel der Medizin und sollte eigentlich zufrieden sein. Doch das Gegenteil ist der Fall. Sie weiß, dieser Abschluss wird ihr keine Freude bereiten, sondern führt im Gegenteil dazu, dass sie einen Weg weitergeht, den sie gar nicht will. So liegt sie im Bett ihrer Wohnung, die ihrem Urgroßvater gehört hat, den sie nur vom Foto kennt: einen Herrn in feinem Zwirn mit Bart und warmherzigem Blick. Die Wände sind vollgeklebt mit Notizen. Daneben hängen Fotos vom letzten Urlaub mit ihrem Freund, auch einige Kinderfotos von ihr und ihrer Schwester, aufgenommen im Elternhaus. Im Wohnzimmer steht das Klavier ihrer verstorbenen Tante, die zuletzt hier gewohnt hat. Die junge Frau erinnert sich an ein Gespräch, in dem ihr die Tante kurz vor dem Tod im hohen Alter weinend anvertraut hat, nichts in ihrem Leben richtig gemacht zu haben. Die Tante tat ihr leid und doch fühlt sie ähnlich. Auch Sophie spürt, dass sie etwas nicht richtig macht. Aber ehrlich zu sich zu sein, das traut sie sich nicht. Sie würde die anderen durch ihre Zweifel und ihre Unzufriedenheit enttäuschen. Den Vater, der sie beim Studium immer finanziell unterstützt hat, vor allem die Mutter, die so stolz auf sie ist, und auch die Leute von früher, vielleicht sogar ihre Schwester. In dieser Familienwohnung überkommt sie ganz stark das Gefühl, nur eine Marionette zu sein, die an den Fäden der Menschen hängt, die etwas von ihr erwarten. Sie erwarten, dass sie erfolgreich ist und einen soliden Beruf ergreift. Doch je näher das Ende ihres Studiums kommt, desto stärker spürt sie, diese Berufswahl ist nicht das Richtige für sie. Letztlich aber schiebt sie alle Zweifel beiseite. Sie wird ihren Abschluss machen und als Ärztin in einem Krankenhaus, vielleicht an der Uniklinik, arbeiten. Und wenn nicht das, wird sich schon irgendetwas ergeben. Gut geht es ihr mit dieser Entscheidung aber nicht.

Wie kann es sein, dass eine junge, intelligente und gesunde Frau ihren Weg nicht gehen kann? Es kann deshalb sein, weil sie sich nicht gestattet, über den eigenen Lebensweg nachzudenken. Sie empfindet ihr Sein als ein Treiben im Ozean des Lebens, in dem sie auf einem Floß durch zufällige Ereignisse an Küsten gespült werden wird. Zu freundlichen oder aber auch gefräßigen Menschen. Sie tut marionettenhaft das, was von ihr erwartet wird. Und was von ihr erwartet wird, ist auf einem ihrer Kinderfotos deutlich abgebildet. Ihre Mutter erzählte oft, sie wollte schon als kleines Mädchen Ärztin werden und einen Arztkoffer haben. Zur Unterstützung dieser Geschichte gibt es ein Foto, das sie als Fünfjährige unter dem Weihnachtsbaum mit Arztverkleidung zeigt. In ihrer Seele wurde die Programmierung festgelegt: Sophie wusste schon bald, was sie werden wollte, nämlich Ärztin. Diese Programmierung kam aber nicht von ihr, sonst hätte Sophie nicht diese Zweifel, sondern von den Wünschen und Erwartungen ihrer Mutter, die sie auf die eigene Tochter projizierte und mit ihrer Geschichte vom kleinen Mädchen, das Ärztin werden wollte, verstärkte.

Jahre später erlangte Sophie Klarheit darüber, wie sich der Nährboden für ihren Konflikt gebildet hat. Der erste Mann, in den die Mutter verliebt war, war Arzt. Und zu Hause wurde oft vom besten Freund ihres Vaters gesprochen, der nach Ansicht der Mutter eine besonders wertvolle Person war. Von Beruf ebenfalls Arzt. Sophie wünschte sich wie jedes Kind, von ihrer Mutter geliebt zu werden. Da sie diese Liebe aber nicht bedingungslos bekam, musste sie sich an den Vorstellungen der Mutter orientieren. Und der Schlüssel war: Liebe gibt es, wenn du Ärztin wirst. Die Auflösung des Konflikts bestand für Sophie darin, dass sie sich bewusst wurde, was ihr eigener Lebenstraum war. Dadurch konnte sie ihr seelisches Softwareprogramm anpassen und Umprogrammierungen vornehmen. Die soziale Einbettung verlor damit ihre Kraft und die persönliche Entwicklung übernahm die Kontrolle. Das war phasenweise ein schmerzhafter und auch langwieriger Prozess.

## Die Bedeutung der Erziehung

Bereits in der Kindheit entwickelt sich ein unbewusster Lebensplan und der Mensch verhält sich im Laufe des Lebens so, dass dieser unbewusste Lebensplan Wirklichkeit wird. Jedes Handeln hat aus dem Blickwinkel des unbewussten Lebensplanes seinen Sinn und ist auf das unbewusste Ziel gerichtet.

Die Bedeutung der Erziehung, die passende Vorbereitung des Kindes durch die Eltern auf die Aufgaben des Lebens, ist also enorm. Ist sie fehlgeleitet, egal ob gehässig, überstreng, verzärtelnd oder vernachlässigend, wachsen Kinder bei solchen Eltern wie im Feindesland auf. Denn durch eine fehlgeleitete Entwicklung, eine nicht passende Erziehung, entwickelt das Kind eine Neurose, eine Krankheit der Lebensgeschichte. Neurosen äußern sich durch ein stereotyp funktionierendes, besonders stark eingeengtes Verhaltensmuster. Das dient dazu, die Verantwortlichkeit für das eigene Leben aus ebendiesem eigenen Leben herauszunehmen. Das Streben nach Entfaltung bleibt trotzdem weiter bestehen, nur leider in eine nicht passende Richtung. Die Symptome der Neurose sind auf diesem Weg in die nicht passende Richtung die Erfüllungsgehilfen: Sie verhindern die Entlarvung des Menschen vor sich selbst, der zwischen der Entfaltung seines Ich und den Erwartungen seiner Umwelt steht. Letztlich wird die Neurose aber durch ein nicht erfülltes Leben sichtbar, an dessen Beginn immer ein Gefühl der Minderwertigkeit steht.

Dieses Gefühl der Minderwertigkeit ist aus tiefenpsychologischer Sicht zuerst einmal ein ganz normales Moment der menschlichen Entwicklung. Denn alle Kinder entwickeln gegenüber Erwachsenen grundsätzlich ein Minderwertigkeitsgefühl. Im Laufe der Entwicklung bildet sich dann in dem Kind das Ziel, diese Minderwertigkeit durch Geltungsstreben zu überwinden. Das ist gesundes Verhalten, das in uns allen angelegt ist. Dieses gesunde Verhalten führt aber bei nicht passender Erziehung dazu, dass das Kind die notwendigen Fertigkeiten für ein gelingendes Leben nicht erlernt. Dadurch scheitert das Kind an der Außenwelt und zieht sich in eine eigene Fantasiewelt zurück. Es konstruiert dabei die zu seinem Denken und Fühlen passende Vorstellung von der Außenwelt. Sein Denken und Handeln passt aber nur innerhalb der eng gesetzten Grenzen seines Herkunftssystems, nicht in der Außenwelt.

Der Kern menschlicher Entwicklung ist also durch das Minderwertigkeitsgefühl bestimmt. So steht die Ermutigung des Menschen an zentraler Stelle. Es geht darum, Vertrauen in die eigenen Fähigkeiten und den eigenen Wert zu wecken. Um die Ermutigung, die eingeschränkten Handlungsräume nach und nach wieder zu erweitern, sich der Gefahr des Versagens in einzelnen Situationen zu stellen und eine solche Erfahrung dann nicht als grundsätzlich minderwertig zu deuten. Denn Mutlosigkeit ist das zentrale Moment jeder Neurose. Mutlosigkeit entsteht immer dann, wenn das erlebte Minderwertigkeitsgefühl durch überhöhte Erwartungen an sich selbst ausgeglichen werden soll. Dadurch entstehen im Leben ständig Niederlagen, weil so hohe Erwartungen nicht erfüllbar sind. Das Gefühl der Unvollkommenheit setzt sich fest, während die latent vorhandenen Fähigkeiten, Stärken und Vorzüge der eigenen Person in den Hintergrund rücken.

Wesentlich ist dabei, die eigenen Symptome als sinnvoll, notwendig und damit auch als vernünftig zu erleben. Auch zu hinterfragen, woher die hohen Erwartungen kommen. Wozu dienen sie? Dadurch entsteht die

Möglichkeit, den unbewussten Lebensplan bewusst zu verändern, sodass das eigene Leben der eigenen Entfaltung wie der Entfaltung der uns umgebenden Umwelt dient. Denn das Verhängnisvolle in der menschlichen Entwicklung ist, dass sich negative Familienerfahrungen bis zu dem Punkt wiederholen, an dem ein Mensch beginnt, die Softwareprogrammierung aktiv mitzugestalten und zu ändern. Deshalb gibt es auch keine Schuldzuweisungen. Denn jeder muss ab einem bestimmten Punkt sein Leben selbst in die Hand nehmen. An Eltern werden viele verschiedene gesellschaftliche Anforderungen gestellt. Sie müssen Geld verdienen, ein Haus bauen, Kredite bedienen, beruflich erfolgreich sein, höflich zu den eigenen Eltern, Schwiegereltern und den Nachbarn sein, Kinder großziehen und eine nach außen hin geglückte Ehe führen. Die gelingende Entwicklung ihrer Kinder hat unter all diesen Anforderungen keinen hohen Stellenwert. Ein Kind braucht aber Sicherheit und das Gefühl, dass die Eltern hinter ihm stehen und vermitteln: „Wir beschützen dich und halten dir den Rücken frei. Du kannst unbesorgt in die Zukunft blicken. Wir lieben dich so, wie du bist." Erst wenn diese Gefühle des Grundvertrauens in einem Kind abgespeichert sind, kann es sich auf seine eigene Entwicklung einlassen und seine Persönlichkeit im Zuge seiner Autonomiebestrebungen gelingend entfalten.

## Das Dilemma zwischen Bindung und Autonomie

Ein Kind wird immer in der Familie oder durch stellvertretende Institutionen sozialisiert. Es lebt gleichsam in der Blase der Familie. Verhaltenskodizes, wie Tabus oder Regeln, werden im Kind abgespeichert. Im Laufe der persönlichen Reifung steht das erwachsen werdende Kind in dem Dilemma zwischen der Bindung an die Eltern und dem Wunsch nach Autonomie, dem Wunsch, das eigene Leben zu gestalten. Die Autonomie kann das Kind aber dann nicht leben, wenn es eine bestimmte Rolle in der Herkunftsfamilie hat, um diese zu stabilisieren. Diese oft stillschweigend und unbewusst vereinbarte Bindung, über die nicht offen geredet wird, hat aber zur Folge, dass das Kind ein Dilemma erlebt. Das Dilemma zwischen dem Gummiband der Bindung zu den Eltern und dem Wunsch nach Autonomie.

Das Streben nach Autonomie dehnt das Gummiband. Wird es zu viel gedehnt, zieht das Gummiband der Bindung das Kind wieder in die Nähe der Eltern. Die Autonomiebestrebung des Kindes ist meistens nicht stark genug, um das Gummiband reißen zu lassen, weil das Kind intuitiv weiß, es hat eine wichtige Rolle in der Beziehung der Eltern zu erfüllen. Das ist das Kennzeichen krank machender Familien. Kinder hängen am Gummiband der Eltern. Wir nennen das in der systemischen Therapie eine Ablösestörung oder die Platzhalter- oder Stellvertreterfunktion des Kindes für Aufgaben der Eltern, damit deren Leben stabil bleibt. Klassische Beispiele dafür sind die Rolle des Kindes als Beschützer des schwachen

Elternteiles, die Rolle als Partnerersatz für eine nicht gelingende Paarbeziehung der Eltern und die Rolle des Lastenträgers, indem dem Kind eine Last in die Hand gelegt wird, die die Last der Eltern ist. Weitere Beispiele sind, im Kind den Erlöser zu sehen, der die Familienprobleme lösen soll, oder das Kind zum Sündenbock für Verfehlungen der Eltern zu machen. Die Folge ist ein Mangel des erwachsenen Kindes an Strategien, um sein Leben selbstständig leben zu können. Es kann seinen Lebensweg nicht gehen, weil es wie an einem Gummiband in der Bindung zu den Eltern hängt.

Wächst das Kind dagegen ohne Stellvertreterfunktion auf und hat es das Erlernen von Verhaltenskodizes wie Regeln und Tabus ebenso klar und konsequent wie wertschätzend und liebevoll erlebt, kann es sich auf sein Streben nach Autonomie mit einem Gefühl des Grundvertrauens gelingend konzentrieren. Wertschätzung ohne Klarheit ist beim Abstecken des eigenen Werte- und Koordinatensystems jedoch ebenso hinderlich für das Kind wie Klarheit ohne Wertschätzung und Liebe. Nur wenn beides zusammenspielt, kann es die notwendigen Fertigkeiten für ein gelingendes Leben lernen. Dann gibt es auch kein Gummiband, sondern viele Verbindungsbänder zur Herkunftsfamilie. Liebe, Geborgenheit und Grundvertrauen sind drei davon.

So wird verständlich, dass die Verschiedenheit der Codes, also der persönlichen Entwicklung auf der einen Seite und der Herkunftsfamilie auf der anderen Seite, ein ständiges Sichbemühen um die eigene Person braucht, damit man nicht aus dem Lot kommt, aus der seelischen

Gesundheit herausfällt. Wir müssen uns die Aufmerksamkeit und die Liebe, die wir brauchen, selbst schenken, so, wie liebende Eltern sie ihrem Kind geben.

Denn jeder Mensch wird zweimal geboren. Einmal körperlich und einmal seelisch. Die körperliche Geburt ist die Trennung von Mutter und Kind durch das Durchschneiden der Nabelschnur. Die seelische Geburt ist das Ende der Abhängigkeit von den Eltern. Damit ist bei Weitem nicht die finanzielle Abhängigkeit gemeint, sondern die gewachsene Überzeugung, dass sich ein Mensch so, wie er ist, annehmen und lieben kann. Seelische Geburt bedeutet das Auflösen der kindlichen Überzeugung, ohne die Hilfe anderer, der Eltern oder ihrer Stellvertreter, nicht überleben zu können.

## Warum Worte mit den Gefühlen in Widerspruch stehen können

Das Zusammenbringen des Denkens mit den Gefühlen ist für die seelische Geburt ein überaus hilfreiches Moment und das große Ziel eines gelingenden Lebens. Denn Worte sagen oft nicht die Wahrheit, Gefühle immer. Deshalb muss der Fokus darauf liegen, zu lernen, dem eigenen Gefühl wieder zu vertrauen. Biologie und Psychologie sind im menschlichen Verhalten wie zwei Seiten einer Medaille. Jedes Fühlen, Denken und Verhalten braucht eine materielle Grundlage im Gehirn. Die Verbindung von Biologie und Psychologie finden wir in der Neurobiologie. Damit können abgrenzbare

Gehirnregionen speziellen psychischen Verhaltensweisen zugeordnet werden. Sigmund Freud hat versucht, die Seele in einer Art anatomischer Übung in ihre Teile zu zerlegen und zu benennen. Als Arzt war Freud ursprünglich an der Neurobiologie interessiert. Er wollte eine Biologie der Psychologie erstellen, erkannte aber, dass dies mit den damaligen technischen Mitteln nicht möglich war. So ist er zu den weichen, den seelischen Faktoren gekommen. Die besondere Leistung von Sigmund Freud war die Entdeckung des Unbewussten. Er erstellte ein Modell der Persönlichkeit.

Dieses Modell besteht aus drei Teilen: dem Es, dem Ich und dem Über-Ich. Das Ich steht zwischen den beiden Kräften Es und Über-Ich und versucht, die beiden Kräfte zu integrieren. Gelingt das, fühlt sich die Person wohl und kann ihre Persönlichkeit entfalten. Die Person ist psychisch gesund. Das Es beschreibt die Triebkräfte, die tief in uns liegenden Wünsche und Begierden. Mit dem Über-Ich ist das Gewissen gemeint. Ein klassischer Konflikt entsteht, wenn das Es Kräfte aussendet, das Über-Ich diese Kräfte aber nicht zulassen kann. Dadurch entsteht ein innerer Konflikt, mit dem das Ich fertig werden muss. Symptome entstehen immer dann, wenn das Ich damit nicht zurechtkommt. Das Ich kommt dann mit dem Konflikt nicht zurecht, wenn es in seiner Entwicklung noch nicht genügend ausgebildet ist, um widersprüchliche Kräfte integrieren zu können. Mit diesem Modell ist Freud ein ganz großer Wurf geglückt, der sich in der modernen neurobiologischen Forschung bestätigen lässt. Das Es entspricht dem limbischen System und das Über-Ich dem Assoziationskortex.

Das Besondere ist nun, dass alleine schon entwicklungsbiologisch ein Konflikt entstehen kann, da das limbische System bereits vor der Geburt funktionsfähig und damit erinnerungsfähig ist, der Assoziationskortex aber erst frühestens ab dem dritten Lebensjahr. Das hat für uns enorme Relevanz und bestätigt auch neurobiologisch die Bedeutung der frühkindlichen Entwicklung für die spätere Lebensentwicklung. Die enorme Relevanz für uns liegt darin, dass man sich an frühe Erlebnisse auf emotionaler Ebene erinnern kann, jedoch nicht auf kognitiver Ebene. Weil emotionale Erfahrungen bereits ab der Zeit im Mutterleib abgespeichert werden, die gedanklichen, benennenden Erfahrungen aber erst ab dem dritten Lebensjahr. Somit können Worte als Konstruktion der Geschehnisse mit den Gefühlen im Widerspruch stehen. Und das ist genau der Nährboden für die Entwicklung seelischer Beeinträchtigung und innerer Konflikte. Man versteht die Welt nicht mehr. Emotion (Gefühlsapparat) und Kognition (Denkapparat) haben unterschiedliche Wirklichkeitswahrnehmungen.

## Das Denken und die Gefühle zusammenbringen

Die Gefühle können also oft etwas anderes sagen als die Worte. Das ist das klassische Dilemma von uns Menschen. Nehmen wir als Beispiel einen Vater, Florian, und seinen Sohn Valentin. Als Sohn seines eigenen

Vaters schleppt Florian natürlich die Krankheit der Lebensgeschichte seiner Herkunftsfamilie mit und hat sie an seinen eigenen Sohn Valentin weitergegeben. Florian hat den klaren Blick, dass seiner Frau die bedingungslose Liebe zu ihren drei Kindern, Mira, Hanna und Valentin, geglückt ist. In der Zwischenzeit hat auch Florian gelernt, sich vertrauen zu können, ein guter Vater zu sein. Diese Gewissheit hat er zu der Zeit, als die Kinder im Kleinkindalter waren, noch nicht gehabt. Da bestimmte der Zweifel noch sein Leben und er war nicht für seine Kinder da. Diesen Zweifel spürte sein Sohn und wurde im Alter von zwölf Jahren selbst zum Symptomträger, ähnlich wie Florian es in seiner Kindheit war.

In der zweiten Klasse Gymnasium gehen die Kinder mit dem Sportlehrer zum Schwimmen. Valentin ist ein guter Schüler und hat viele Freunde, er ist sportlich, es geht ihm gut. Im Becken kann er aber plötzlich nicht mehr schwimmen, er bekommt keine Luft, Panik setzt ein, er kann sich gerade noch an den Rand retten. Der Lehrer, der ihn beobachtet hat, fragt ihn, was los ist. Valentin kann es nicht erklären, doch die Todesangst steht ihm ins Gesicht geschrieben. Der Lehrer erlaubt ihm, seine Mutter anzurufen. Seine Mutter holt ihn ab und beruhigt ihn. Doch auch ihr kann er nicht sagen, was da los war, was in ihm vorgegangen ist. Der ganze Vorgang ist ihm selbst ein Rätsel. Zwei Wochen später sollen die Kinder wieder zusammen schwimmen gehen. Valentin hat Angst davor, reißt sich aber zusammen. Diesmal sagt er dem Lehrer schon vor der Schwimmhalle: „Ich bekomme keine Luft mehr!“ Der Lehrer redet beruhigend auf ihn ein und geht mit ihm hinein. In der Umkleidekabine schafft es Valentin nicht, sich umzuziehen. Er hat schreckliche Bauchschmerzen. Der Lehrer sieht die Panik des Buben. Er ruft Valentins Mutter an und die holt ihren Sohn wieder ab. Zu Hause will sie mit ihm darüber sprechen. Er ist auch bereit dazu, möchte selbst wissen, was los ist. Doch er kann nicht erklären, was in ihm vorgeht. Wie denn auch, die Panikanfälle haben ja mit der eigentlichen Ursache des Problems nichts zu tun. Valentin ist zu dieser Zeit mit seiner Mutter und seinen Schwestern allein. Florian und seine Frau haben sich nach einem schweren Streit getrennt. Er lebt zwischenzeitlich in einer anderen Stadt, sie ist mit ihrer Trauer und mit den Kindern allein. Valentin erlebt die Abwesenheit des Vaters und die Verzweiflung der Mutter und ist mit dieser Situation komplett überfordert. Nach einigen Monaten bessert sich die Situation, die Eltern vertragen sich wieder. Valentin traut dem Frieden aber nicht, er wirft seinem Vater vor, dass er ihn im Stich gelassen habe. Florian versucht, so gut es geht, seine Lage, seine Probleme und seine Gefühle zu erklären, doch das hilft Valentin natürlich wenig. Für ihn zählt nur, dass der Vater ihn und seine Mutter verlassen hat. Es dauert lange, bis er zu seinem Vater wieder Vertrauen fassen kann. Durch viele Gespräche kommen sie einander wieder näher. Florian bemüht sich, für seinen Sohn da zu sein. Er erklärt ihm, dass das Gefühl des Untergehens beim Schwimmen mit der Familiensituation zusammenhängt. Das leuchtet Valentin ein. Er hat sich in der Familie als das schwächste Glied gefühlt, auf das niemand aufpasst. Valentin versteht, dass das mit dem

Schwimmen nicht sein Fehler, nicht sein Problem war, sondern dass er ein Problem in seinem Leben hatte, weil die Eltern ein Problem hatten. Als vordergründige Problemlösung nimmt Valentin Einzelschwimmunterricht, um das Vertrauen in sich selbst und seine Fähigkeiten wiederzugewinnen. In den Gesprächen mit seinem Vater erinnert er sich dann daran, dass dieser ihn nicht das erste Mal allein gelassen hat und dass er bereits vor zwei Jahren mit genau denselben Symptomen reagiert hat. Florian war oft nicht da, als seine Kinder klein waren. Er hatte keine Zeit für sie und war nur mit sich selbst beschäftigt. Im ersten Lebensjahr seines Sohnes war er überhaupt nie da, da gab es nur die Arbeit, Florian war meistens im Ausland. In dem Kleinen musste sich das Gefühl entwickeln: „Ich bin meinem Vater nichts wert. Er sieht mich nicht. So, wie ich bin, reicht es nicht aus, dass mein Vater mich liebt." Das Problem beim Schwimmen war ein Wendepunkt in Florians Beziehung zu seinem Sohn. Sie haben alles besprochen, weil es notwendig war, um Valentin zu helfen. Wer weiß, ob sie einander ohne Valentins Hilferufe so nahe gekommen wären. Natürlich hat Florian auch weiterhin Fehler gemacht, viele Fehler. Aber er wurde durch Valentins Leid aufgerüttelt und hat begonnen, an sich zu arbeiten, an seinen Fähigkeiten als Vater. Er hat gesehen, wie er selbst die Krankheit der Lebensgeschichte weitergegeben hat, ohne es zu wollen. Und er hat erkannt, dass einer in der Kette sagen muss: „Stopp! Ich werde diese unselige Familientradition beenden, dass die Arbeit immer wichtiger ist als die Kinder."

Florian bemüht sich heute, ein guter Vater zu sein, in den letzten Jahren ist es ihm ganz gut gelungen. Er könnte sich in dem Konstrukt verschanzen, dass er immer schon so war. Das stimmt aber nicht, besonders nicht in den ersten Lebensjahren seiner Kinder. Damals war ihr emotionales Gedächtnis bereits voll funktionsfähig. Kognitiv, also denkend, können sie sich an diese Zeit aber nicht erinnern, weil das kognitive Gedächtnis erst ab dem dritten Lebensjahr angelegt wird. Dadurch wäre es auch für Florian leicht, ein Konstrukt einer heilen Welt zu erfinden, die so nicht stattgefunden hat. Aber er möchte das nicht tun, er möchte die ewige Wiederholung desselben Fehlers durchbrechen. Würde er das tun, würde er eine gute, heile Welt in Worten vorgaukeln, würde das Gefühl dem Kind aber etwas anderes sagen und es würde verlernen, seinem Gefühl zu vertrauen.

Das Familienleben und die Lebensumstände können von den Eltern leicht im Nachhinein schöngeredet werden. So wird im Kind ein denkendes Konstrukt einer heilen Welt erzeugt. Die Gefühle im Kind, die mit dem denkenden, sprachlichen Konstrukt im Widerspruch stehen, werden von den Eltern nicht ernst genommen. Sie sagen: „Es war doch alles in Ordnung bei uns, was willst du denn?“ Das Kind glaubt ihnen und unterdrückt seine Gefühle, bis sie in ihrer ursprünglichen Form von der Oberfläche des Alltages verschwunden sind. Damit trägt das Kind diesen Widerspruch in sich weiter: „Ich hab doch eine schöne Kindheit gehabt, meine Eltern waren doch gut zu mir, trotzdem geht es mir nicht gut, das versteh ich nicht.“ Genau das ist es, worunter Suchende und Ringende leiden: unter der erlernten Verleugnung des eigenen Gefühls. Sie wurden als Kinder trainiert, ihren Gefühlen zu misstrauen, weil die Eltern etwas anderes behaupteten, als sie empfanden.

Wir können im Laufe des Lebens aber selbst entscheiden, ob wir den Prägungsweg aus der Kindheit oder den eigenen, individuellen Weg der Erkenntnis gehen wollen. Wir sind nicht determiniert. Die Zusammenführung des Denkens mit den Gefühlen ist dabei das große Ziel eines gelingenden Lebens. Ja, die frühkindliche Prägung in der sozialen Einbettung ist gewaltig. Sie kann aber abgelegt werden, zum Glück. Das bedarf aber des ständigen Trainings im eigenen Selbst, sodass wir uns aus unserer Abhängigkeit befreien und die für uns passende Lebensnische finden.

# PRÜFEN, IN WELCHE UMWELT MAN ÜBERHAUPT PASST

## Die passende Lebensnische

Wir leben als Puzzleteil im gesellschaftlich erwarteten Gesamtbild. Passen wir nicht, macht es wenig Sinn, Ecken und Kanten zu verbiegen. Das tut weh und wirklich passen wird es trotzdem nicht. Was bleibt, sind Vorwürfe der anderen Puzzleteile, das Gesamtbild zu zerstören.

## Die eigene Lebensoase verstehen lernen

Der Traum vom gelingenden Selbst bekommt Kontur im Anlegen des eigenen Seelengartens. Wir können den Garten so gestalten, wie wir ihn brauchen. Ist er so, wie wir ihn brauchen, freuen wir uns, die Gartentür zu öffnen und unsere Familie, Freunde und Bekannte einzuladen. Jeder von uns sollte lernen, seinen Seelengarten anzulegen, so, wie jeder von uns ein eigenes Zimmer hat. Das eigene Zimmer ist die geografische Klarheit, innerhalb derer jeder seine Regeln bestimmen kann. Der Seelengarten ist die innerliche Klarheit, wo wir seelisch zu Hause sind, wo unser Traum vom gelingenden Selbst wachsen und gedeihen kann. Er gibt uns, was wir brauchen, und stellt die seelische Autonomie her. Das ist eine ganz wichtige Übung. Eine Übung, die die Seele glücklich macht.

Jeder Mensch, der seine Lebensoase als Mensch aber verstehen will, muss seine Kernkompetenz um eine psychologische, soziologische und ökonomische Dimension erweitern, einfach um die Rahmenbedingungen, das soziale Wasser, in dem wir als Menschen schwimmen, zu verstehen und dafür einzutreten. Die Betrachtung der Innenwelt ohne Bezugnahme auf die Außenwelt ist ein zum Scheitern verurteilter Weg. Der in die Innenwelt gerichtete Zugang bietet Einsicht und Verständnis und fragt nach der Lebensvision, nach dem Traum, wie man das Leben gerne haben möchte. Der andere, in die Außenwelt gerichtete Zugang gibt die Werkzeuge in die Hand, um diesen Traum in der sozialen Umwelt umsetzen zu können.

Um zu verdeutlichen, weshalb diese Bezüge so wichtig sind, will ich ein Beispiel geben: Ein Kind wünscht sich einen Fisch in der Art des Nemo. Um zu leben, braucht er die für ihn passende Umgebung. So kommt er in ein Aquarium. Schön, wie Nemo da drinnen umherschwimmt. Das Kind freut sich mit ihm jeden Tag. Am Rand des Aquariums beginnen sich grüne Algen abzusetzen. Diesen schenkt aber niemand Aufmerksamkeit, sodass sie größer und größer werden. Nach einigen Tagen schwimmt Nemo nicht mehr so lustig umher. Das Kind überlegt, warum es ihm wohl schlecht geht. Am nächsten Tag ist Nemo verstorben. Was ist passiert? Der Fokus lag auf dem Lebewesen Nemo, für die ihn umgebende Umwelt war keine Aufmerksamkeit da. Nemo aber konnte ohne die für ihn passende Umwelt nicht überleben.

Ähnlich verhält es sich mit unserer sozialen Umwelt. Schauen wir nicht darauf, werden wir früher oder später darunter leiden und untergehen. Das wirtschaftliche Umfeld verhält sich ähnlich dem Aquarium. Wir schwimmen darin. Es umgibt uns überall. Erwacht in uns kein Interesse dafür, betrachten wir nur einen Teil des Lebewesens Mensch. Unser Blick ist dabei viel zu kurz gerichtet, ähnlich einem Menschen mit Kurzsichtigkeit, der nicht in die Ferne blicken kann und so einen Großteil der Umwelt nicht augenscheinlich erkennen kann. Betrachten wir nicht das soziale Umfeld, handeln wir wie Menschen mit ausgeprägter Kurzsichtigkeit, die ohne Sichtkorrektur oft in für Normalsichtige augenscheinliche Löcher fallen.

## Homo sapiens versus Homo oeconomicus

Die gelebte Freiheit ist heute nicht umfassender als vor dreißig oder vierzig Jahren. Auch deshalb, weil die neuen Anforderungen der Arbeit eine Desorientierung des Lebens mit sich gebracht haben. Obwohl die New Economy der 90er-Jahre nur einen kleinen Teil der Gesamtwirtschaft ausmachte, setzte sie die Maßstäbe, an denen sich die übrige Wirtschaft und das Staatswesen heute orientieren. Das Wesen der New Economy hat den Kapitalmarkt beflügelt und wurde durch ihn im Rahmen der Globalisierung weltweit verbreitet. Das führte dazu, dass die Entwicklung in den westlichen Industrieländern dem einzelnen Menschen nicht mehr Freiheit gebracht hat. Nicht, weil das Wesen der New Economy etwa schlecht ist. Man muss als Mensch halt nur das Tempo mithalten können. Viele von uns können das nicht.

Ich erinnere mich gut an meinen ersten Kurs in Volkswirtschaft an der Stanford University, den ich als Arzt 1997 absolviert habe. Die Stanford Business School galt zu jener Zeit und auch heute als die weltbeste Wirtschaftsfakultät. Unser Professor erklärte die wirtschaftlichen Grundbedingungen. Natürlich kam früher oder später die Sprache auf den Menschen als wirtschaftliches Subjekt. Es gelte das ökonomische Menschenverständnis, wonach jeder Mensch danach trachtet, nutzenmaximierend, präferenzorientiert und gewinnmaximierend zu sein. Dieses Menschenverständnis, der Homo oeconomicus, ist Grundlage des weltweiten Wirtschaftssystems. Noch während der Vorlesung kam in mir ein

Gefühl von Unruhe, Nervosität und Rebellion hoch. Danach saß ich auf einer Bank und dachte über die Aussage nach und kam zu dem Schluss, dass sie vollkommener Unsinn ist. Aus meinem bisherigen Beruf kannte ich nur eine kleine Menge Menschen, die sich aus freien Stücken und aus eigener Überzeugung dem ökonomischen Menschenverständnis entsprechend verhielten. Der Großteil war anders, musste sich aber, um nicht auf die Verliererstraße zu kommen, in Richtung des ökonomischen Menschenverständnisses entwickeln. Ich kannte viele Menschen, denen das Wohlergehen anderer Menschen wichtig war, nur hatten sie im dominierenden Gesellschaftsgefüge keine ökonomische Überlebenschance.

In den letzten Jahren ist eine Bewegung innerhalb der Zunft der Ökonomen entstanden, die das ökonomische Verhaltensmodell, den Homo oeconomicus, in Frage stellt. Diese Richtung nennt sich Behavioral Economics, was zum Ausdruck bringen soll, dass der Mensch in die Ökonomie einzubeziehen ist. Natürlich kommen diese Ökonomen zu dem Schluss, dass sich Menschen nicht so verhalten, wie im ökonomischen Verhaltensmodell beschrieben. Ist irgendwie klar, weil ein Großteil der Menschen den Ökonomismus nicht zu ihrem Lebensziel erkoren hat. Diejenigen, die das aber tun, Kapitalmarktakteure und jene, die eng mit ihnen zusammenarbeiten, Management und Unternehmer, müssen sich so verhalten, wie es im ökonomischen Verhaltensmodell beschrieben ist, sonst überleben sie im wirtschaftlichen Sinn nicht lange. So durchdringt das ökonomische

Menschenbild früher oder später alle gesellschaftlichen Schichten, vom Generaldirektor bis hin zum Portier. Egal ob die das wollen oder nicht. Es ist daher nur klug, wenn auch die Menschen, die den Ökonomismus nicht zu ihrem Lebensmotto gemacht haben, lernen, dieses Modell in ihr Anderssein einzuweben, wollen sie in ihrem Anderssein wirtschaftlich überleben. Sonst laufen sie ständig fremdbestimmt etwas hinterher und können gar nicht beginnen, ihren eigenen Weg zu finden. Denn die gegenwärtigen wirtschaftlichen Rahmenbedingungen sind von Instabilität, also permanenter Veränderlichkeit, gekennzeichnet.

Welcher Typus von Mensch kann aber unter solchen Voraussetzungen bestehen oder gar gewinnen? Im Grund nur zwei Arten. Einerseits der selbstverwirklichte eigenständige Mensch, der sehr genau weiß, was er will, und andererseits eine Art wirtschaftlicher Idealmensch, der vielfach unser ungewolltes Schicksal ist und den drei Kennzeichen maßgeblich prägen.

Das erste Kennzeichen, das diesen modernen Idealmenschen prägt: Er kann seine Zeit optimal nützen. Immer und überall, in kurzfristigen Beziehungen, von einer Aufgabe zur anderen, von einem Ort zum anderen wandernd. Am besten ist, wenn er ganz ohne Ichgefühl auskommt, weil er dann vollkommen auf die Identifikation mit der Firma oder der Gesellschaft angewiesen ist. Den automatisierten Menschen drängt es gar nicht danach, er selbst sein zu wollen, sondern er geht ganz in der Firmen- oder Gesellschaftsidentität auf. Versagt er dabei, ist der Ichlose einfach ein Versager.

Das zweite Kennzeichen betrifft die Qualifikation. Es geht nicht mehr darum, eine Sache, einen Beruf nach langer Erfahrung optimal zu beherrschen. Alles soll lieber schnell, günstig und einfach gemacht werden als gediegen, mit Qualität und robust. Natürlich ist die Wissenshalbwertszeit in den Berufen viel kürzer geworden, sodass jeder Handwerker und jeder Generaldirektor eines Investmenthauses, der auch nichts anderes ist als ein Handwerker, ständig umlernen und dazulernen muss. Das Problem dabei ist, dass in unserem Arbeitsleben die von uns konkret erbrachten Leistungen nicht mehr zählen oder zumindest stark an Wert verloren haben. Und damit können sie uns auch nicht mehr in der Weise als Orientierung dienen, wie wir das brauchen und uns oft wünschen würden. Stattdessen sind wir aufgefordert, unseren Arbeitswert ständig unter Beweis zu stellen, indem wir immerzu neue Antworten auf neue Fragestellungen liefern können, und das idealerweise mit innovativen Methoden und Erstmaligkeitsgarantie. Das ist psychologisch ein großer Unterschied und erzeugt Stress, wenn man nicht weiß, wie damit umzugehen ist. Dann tappt man dauernd im Dunkeln.

Das dritte Kennzeichen betrifft Verdienste und Gewohnheiten. Ich erinnere mich an meine Arbeit im Silicon Valley und in München, aber auch im Unternehmen meines Vaters und in der Nervenklinik in Linz. Bisherige Verdienste und gute Gewohnheiten stellen nicht mehr sicher, dass sich eine Person ihres Arbeitsplatzes sicher sein kann. Das erleben wir alle jeden Tag. Unser Können, Wissen und unsere Erfahrungen werden nicht geschätzt, worauf wir selbst mit Geringschätzung bisheriger Erfahrungen reagieren, was letztendlich zur totalen Verunsicherung führt. Um damit umgehen zu können, ist eine besondere Ausprägung der Persönlichkeit notwendig, der Gockel.

Zusammenfassend gesagt: Die Gesellschaft fördert einen gockelhaften, gedankenlosen Idealmenschen, der ein kurzfristig orientiertes, auf potenzielle Fähigkeiten konzentriertes Ich besitzt und vergangene Erfahrungen bereitwillig aufgibt. Das ist im normalen Leben eine ungewöhnliche Sorte Mensch, aber im Kapital- und Produktmarkt jeden Tag anzutreffen – bei den Macht- und Karrieresüchtigen. Die meisten Menschen sind nicht so. Sie brauchen eine durchgängige Biografie, sind stolz auf Erfahrungen und sind stolz darauf, bestimmte Dinge besonders gut zu können. Der gesellschaftlich gesuchte Idealmensch überfordert viele Menschen, weil sie in ihrer Grundstruktur nicht so sind. So braucht es nicht zu verwundern, wenn psychische Störungen in unserer Kultur derart zunehmen. Ja, noch was. Schlank, rank und sportlich sollen wir auch sein. Damit wir schnell immer und überall sein können, dabei nicht außer Atem kommen und in die schmalen Sitze im Flugzeug, in der Bahn und im Bus passen und natürlich in die schmalen Betten. Das ist ja ökonomisch. So können mehr Plätze am gleichen Ort zur gleichen Zeit verkauft werden.

Mit dem Menschsein hat das alles aber nicht mehr viel zu tun. Lebensformen, die zum Inhalt haben, den selbstverwirklichten Lebensweg zu gehen, werden in unserer Gesellschaft wenig bis gar nicht gefördert und sind in der Schule, der Uni und bei der Arbeit nicht gewünscht.

Denn dort geben die herrschenden Bildungsideale, wie sich Menschen entwickeln sollen, die Spur vor. Somit nimmt sich niemand mehr die Zeit, der zu werden, der er eigentlich ist, sondern läuft fremdbestimmt wie der Hamster im Rad seinem Ende entgegen.

## Prüfen, in welche Umwelt man überhaupt passt

Die dominierenden gesellschaftlichen Ansichten werden somit in unseren Ausbildungs- und Arbeitsstätten zu Wahrheiten erhoben, obwohl sie das nie sind und auch nie waren. Sie erklären sich als die Bildungsideale, die zu erreichen sind, um zu passen. Und wir verpacken diese Bildungsideale in Gewissheit und Richtigkeit und wandeln sie in ein „So ist es" um. Aussagen wie „Ich denke, also bin ich" oder „Wenn Gott spricht, schweige" verführen in ein Bildungsideal, das als die zu erkennende Wahrhaftigkeit verkauft wird. Das gilt für die Philosophie Kants als Kantianismus wie für den Katholizismus wie für den Medizinismus wie für den Biologismus wie für den Ökonomismus. Aber all diese Heilbringungen aus Medizin, Philosophie, katholischer Tradition und sozialer Herkunft sprechen als Gesamtbild des Puzzles oft nicht das aus, was unsere Seelen wirklich brauchen. Es sind Bemühungen, wertvolle Bemühungen, das Leben, die Natur, die Menschen zu beschreiben und zu verstehen. Es ist aber nicht die Wahrheit, nicht die Beschreibung einer gegebenen, gewissen und richtigen Umwelt, in die ein Mensch als Puzzleteil passen muss. So macht es wenig Sinn, wenn wir nach bestem Wissen und Gewissen versuchen, als Puzzleteil hineinzupassen. Das wird einfach nicht funktionieren, ohne dass wir krank werden, weil sich Ecken und Kanten an vielen Stellen nach oben und nach unten verbiegen. Das tut weh und passen wird es nie. Was bleibt, sind Vorwürfe der anderen Puzzleteile, das Gesamtbild zu stören. Denn alle Ismen, die Gewissheit und Richtigkeit in Form von Bildungsidealen beanspruchen, sind letztlich nur Hypothesenreduzierungen, welche den Menschen ein „So ist es", eine Wahrhaftigkeit, verkaufen. Und das ist die Gefahr für den einzelnen Menschen. Er erkennt und erfühlt eine Positionsasymmetrie von Wissenden und Unwissenden. Er glaubt, die da oben werden es schon wissen, und legt sein Sein in deren Hände, bis er beschnitten in Geist und Leidenschaft neben der Straße sitzt. Das macht die Entfaltung des Selbst, das Zusichstehen, so schwer. Aber das ist, was wir tun müssen.

Wir müssen uns treu bleiben. Müssen schauen, ob und wie wir in das Gesamtbild des Puzzles passen, ohne unsere Ecken und Kanten nach oben oder unten verbiegen zu müssen. Denn das macht krank. Wer nicht ins Hauptbild passt, muss sich befreien, sich eine bestehende Nische suchen oder eine neue Nische schaffen. Die schönste Art der Befreiung ist die Artikulation des Selbst. Das bedeutet, seinem Selbst so, wie es ist, eine Stimme zu geben. Man muss dazu mit sich in Kontakt treten und die eigene Identität, das, was man ist, erkennen. Dann kann man schauen, in welche Umwelt man mit seiner Identität passen könnte. Das ist ein überaus wichtiger Schritt. Die meisten Lebensprobleme haben damit zu tun, dass Menschen nicht in ihre Umwelt passen. Die meisten können die für sie passende Umwelt gar nicht benennen. Was bleibt, ist ein Gefühl von Unwohlsein, Unzufriedenheit oder Angst. Ob wir unser Selbst aber artikulieren können, hängt maßgeblich auch davon ab, ob sich unsere Umwelt durch unser Tun so modellieren lässt, dass sie zu uns passt. Es braucht beides: den Wunsch zur Artikulation des Selbst und die Umwelt, die dieses Selbst aufnehmen will. Das Puzzle und sein Teil

Nehmen wir ein einfaches Beispiel. Ein Mensch hat ein klares Talent, künstlerisch tätig zu sein. Er fühlt in sich den Wunsch nach Ausdruck. Jetzt beginnt er, am Marmor zu arbeiten. Die Arbeiten misslingen. Er erkennt, dass das nicht an ihm liegen muss, sondern an dem Widerstand, den ihm die Umwelt Marmor entgegenbringt. Unser Künstler wechselt einfach von der Umwelt Stein zur Leinwand. Auch das misslingt. Sein Selbst ist aber kräftig genug, um die Ursache nicht ausschließlich bei sich, sondern in der Umwelt Leinwand zu sehen. Er hat einen langen Atem und gibt nicht auf. Er wechselt von der Umwelt Leinwand zur Gitarre und die Arbeit gelingt. Es hängt also nicht nur von unseren Fähigkeiten ab, das Selbst zu artikulieren, sondern auch von der Umwelt und ob sie sich durch unser Tun so modellieren lässt, dass daraus ein Werk entstehen kann. Das zentrale Kriterium ist also die Modellierbarkeit der Umwelt. Also zu erkennen, welchen Widerstand die Umwelt leistet und ob das eigene Werkzeug, das seelische Softwareprogramm, das passende ist, um die Umwelt gestalten zu können, sodass ein gelingendes Leben möglich wird. Der Fokus liegt dabei auf der Ökologie, der Lehre vom Zusammenleben. Wie eine Person ihre Lebensnische und ihre Umwelt gestaltet. Darauf müssen wir schauen, ob die Nische mit dem eigenen Werkzeug so gestaltbar ist, dass wir darin gesund leben können. Wir können uns ruhig an großen Vorbildern orientieren, an Menschen wie Jesus, Buddha, Mutter Teresa, Steve Jobs, Al Gore, Michelangelo oder irgendjemand anderem, den man bewundert. Sie haben gemeinsam, dass ihnen die Artikulation des Selbst gelungen ist, auch, weil sie ihr passendes Puzzle gefunden haben.

### Wenn unsere Seele die Hand hebt

Unsere Seelen geben uns zu spüren, wenn das Puzzle, in das wir passen sollen, für uns nicht passt, auch wenn wir uns noch so bemühen und verbiegen. Unsere Seelen heben dann die Hand in Form von Symptomen. Und wir sollten mutig und bereit sein, die Symptome ernst zu nehmen. Die Regungen der Seele müssen nicht als krankhaft interpretiert werden, sie können auch als gesund machend verstanden werden, indem sie die Richtung zum individuellen Weg der Erkenntnis weisen. Wir wissen, die dominierenden Ansichten sind im Prozess der Zivilisation die Spielmacher. Das, was die Wissenschaften und natürlich im Besonderen die Ideologien der Politik und der Lobbyismus der Einflussreichen als Bildungsideale proklamieren, wird als Außenzwang in einen menschlichen, seelischen Innenzwang einverleibt. Wissenschaften als Heilsbringer und natürlich Ideologien im Besonderen stützen das Bestehende durch Regeln und entfernen sich dabei immer weiter vom Sein des Menschen. Sie entwerfen Bildungsideale, damit Menschen gefügig werden. Schaffen Menschen das nicht und reagieren ihre Seelen darauf mit nicht dienlichen Regungen, werden sie der Kaste psychisch Gestörter zugeordnet. Und diese Kaste wächst beständig. Immer mehr Menschen passen nicht in das gegenwärtige Gesellschaftsbild und zeigen Symptome. Und zwar nicht solche, die kulturunabhängig in ähnlicher Anzahl weltweit vorkommen, wie bei der Schizophrenie, sondern immer mehr Menschen zeigen ganz bestimmte für unser System typische Störungen: Depressionen und stressbedingte Störungen. Dabei handelt es sich nicht nur um eine große Summe individueller Störungen, sondern um eine Kulturstörung. Wir können die Regungen der Seele also nützen, um in dieser Kulturstörung zu erkennen, was die Seele zum gelingenden Leben in unserer Zeit braucht. So nutzen wir das Problem als Ressource auf dem Weg zu einer besseren und menschengerechteren westlichen Gesellschaft.

Die Regungen der Seele als Ressource zu nutzen, bedeutet auch, dass wir lernen, uns Raum und Zeit zu geben. Uns so anzunehmen, wie wir sind, und uns nicht mehr zu verbiegen. Dann brauchen wir schmerzenden Empfindungen nicht mehr in den Rücken zu fallen, sondern können sie achten und schätzen lernen. Weil Schmerz ein integraler Bestandteil unseres Lebens ist und notwendig für unsere menschliche Entwicklung. Statt sie in die Schublade unerwünschter Ereignisse zu legen oder gar vor ihnen flüchten zu wollen, können wir unsere Empfindungen mitten auf den Tisch vor uns hinstellen, vielleicht bauen wir ihnen sogar ein kleines Podest.

Symptome machen sich immer dann bemerkbar, wenn wir schon gefährlich weit von unserem Sein weggewandert sind. Nehmen wir sie ernst und hören wir aufmerksam hin, was sie uns sagen wollen, dann werden sie weniger und lösen sich auf. Die Wahrnehmung unserer Empfindungen und Symptome wandelt sich so von der Kategorie des Störens in die Kategorie des Dafürdankbarseins. Statt uns zu stören, helfen sie uns, unserem Sein treu zu bleiben, unser Selbst zu artikulieren und unsere passende Lebensnische zu finden. Unsere Seele ist also ein ehrlicher und unbestechlicher Freund, der zeigt, wenn es Dinge und Bereiche in uns gibt, die unsere vollkommene Aufmerksamkeit brauchen. Gewähren wir diese Aufmerksamkeit, verschwinden die Empfindungen von Angst und Niedergeschlagenheit. Gewähren wir diese Aufmerksamkeit nicht, werden die Empfindungen stärker. Die Unbestechlichkeit der Seele zeigt sich auch darin, dass sie mit uns überallhin auf Reisen geht. Das ist der Grund, warum es ohne innere Freiheit nie eine wirkliche äußere Freiheit geben kann. Und warum wir hinter unseren Lebensnebel schauen müssen, um nicht einer vermeintlichen Freiheit entgegenzulaufen, ohne je anzukommen. Denn die ewige Suche nach der äußeren Freiheit, um dann die innere leben zu können, funktioniert nicht.

# DIE INNERE FREIHEIT ERLANGEN

## Zum Begriff der Freiheit

**Der Ursprung der Freiheit liegt im ursprünglichen Zuhause. Gelingt sie dort, gelingt sie überall. Gelingt sie dort nicht, braucht man Glück. Viel Glück. Will man dem Glück entgegengehen, muss man beginnen, an sich zu arbeiten.**

## Die 2014er und die Sache mit dem Weihnachtsmann

Freiheitsbestrebungen im kulturellen Rahmen unserer Zeit entwickelten sich mit der in den 50er-Jahren entstehenden Rock- und Popkultur. Ausdruck dieses Entwicklungsschritts war in den USA die Beatnik-Generation, deren literarische Leitfigur Jack Kerouac war. Sein Buch „On the Road“ wurde zu einer Art Bibel dieser Generation, die den Weg in die persönliche Freiheit oft auch mit Hilfe von Drogen suchte. Etwas später entstand dann die Flower-Power-Bewegung.

Ich spüre eine Art neue Flower-Power auf uns zukommen, aber diesmal mit Lebens- und Businessplan ohne LSD und Cannabis. Die 68er sind passé, jetzt sind die 2014er dran, die für das Leben in unserer Zeit gut gerüstet sind. In den 60er- und 70er-Jahren wurden in Kalifornien Drogen auch im psychotherapeutischen Prozess eingesetzt. Es wurde die Annahme vertreten, mithilfe von Drogen könnte man hinter den Lebensnebel zum eigentlichen Selbst schauen. Die Erfahrung hat aber gezeigt, dass das nicht funktioniert. Drogeninduzierte Wahrnehmungszustände sind einfach zu weit vom wahrgenommenen Selbst im Alltag entfernt, und Fähigkeiten, sich dem eigentlichen Selbst zu nähern, werden durch Drogeneinfluss erst recht zunichte gemacht. Also wissen wir: Drogen helfen nicht auf dem Weg, der Mensch zu werden, der man eigentlich ist. Darum verwende ich in meiner Arbeit das Werkzeug mit dem Traum vom gelingenden Selbst. Mit ihm gelingt es auch, hinter den

Lebensnebel zu schauen, um der Mensch zu werden, der man eigentlich ist. Das mit den Drogen ist so, als wünschte man sich, wie durch ein Wunder plötzlich Wimbledon gewinnen zu können, ohne sein Leben danach ausrichten zu wollen oder gar dafür zu trainieren. Das kann nicht funktionieren. Genauso wenig können wir erwarten, ein erfülltes, gelingendes Leben zu haben, ohne täglich daran zu arbeiten. Das mit dem Weihnachtsmann hört sich irgendwann auf.

## Zum Begriff der Freiheit

Manchmal erscheint es, als wären wir Menschen unser Leben lang auf Achse. So, als ob wir wie der Hamster im Rad im Rad des Lebens gefangen wären. Aber das ewige Unterwegssein hat viele von uns auch nicht weitergebracht. Wir suchen die Freiheit, finden sie aber nicht, denn wir können sie innerlich nicht leben. So geht es vielen von uns. Das ganze Leben auf Achse, der vermeintlichen Freiheit entgegen. Kriegt man Freiheit im Kopf nicht auf die Reihe, dann halt raus auf die Straße. Ein ewiges Laufen, ohne je wirklich ankommen zu können.

Die vermeintliche Freiheit, was ist das eigentlich? Der Begriff Freiheit hat eine lange philosophische Tradition. Allgemein wird darunter die Möglichkeit verstanden, ohne Zwang zwischen verschiedenen Handlungsmöglichkeiten wählen zu können. Eine freie Entscheidung treffen zu können. Dabei ist eine Unterscheidung zweier Bereiche wichtig: des „Freiseins von ..." und des „Freiseins zu ...".

Das „Freisein von …" ist die Abwesenheit von gravierenden äußeren Einschränkungen, von äußeren Zwängen wie Geldmangel, Moralvorstellungen, Konventionen, Erwartungen, Rollenzuschreibungen. Es beschreibt die äußere Freiheit als soziale Größe. Die gesellschaftliche Diskussion dreht sich darum. Das „Freisein von …" wurde in westlichen Gesellschaften schon zu einem guten Stück etabliert. Zumindest in den rechtlichen, politischen, sozialen und wirtschaftlichen Gesellschaftsverträgen. Ob dieses „Freisein von …" dann im konkreten Leben auch wirklich gewährt wird, ist eine andere Frage. In den Grund- und Menschenrechten steht es jedenfalls.

Das „Freisein von …" ist die Basis für das „Freisein zu …". Auf der Grundlage des „Freiseins von …" entsteht die Entfaltung des Menschen im „Freisein zu …". Es bezeichnet die individuelle Fähigkeit eines Menschen, die ihm gebotene äußere Freiheit auch tatsächlich zur Entfaltung seines Selbst zu nutzen. Und da beginnt es interessant zu werden. Da sind wir beim Kern der Sache von Freiheit, der Seele.

Die innere Freiheit nicht zu erlangen, ist viel öfter unser Schicksal, als dass uns die äußeren Freiheiten nicht gewährt werden. Und das Nichterlangen der inneren Freiheit kann leicht in den Selbstmord auf Raten führen. Im Alkohol, in der Depression, in der sozialen Isolation, im Am-Leben-vorbei-Leben durch Konsum oder Arbeit. Die westliche Gesellschaft rühmt sich, Menschen äußere Freiheiten zu gewähren. Jetzt liegt es an uns, den Umgang mit den inneren Freiheiten zu lernen, sodass wir das Leben nach unseren Bedürfnissen gestalten können. Der größte Gegner dabei sind wir selbst. Dahinter versteckt sich das Streben der vermeintlichen Freiheit entgegen. Auf die Straße, weg von den drückenden Umgebungen der vermeintlichen Freiheit entgegen. Resultat ist das Leben auf Achse. Immer auf der Suche nach der Umgebung, die die äußere Freiheit bietet, damit wir die innere leben können. Nur ist das ein Trugschluss. Denn wo immer man hingeht, seinen Rucksack, also die eigenen Probleme, nimmt man auf der Schulter mit, ob man will oder nicht. Die Probleme lösen sich im Erfolg vermeintlich auf, kommen aber früher oder später wieder zu einem zurück. Der Rucksack auf der Schulter treibt einen der vermeintlichen Freiheit entgegen, solange man nur von Zuhause, von vermeintlichen äußeren Zwängen, weg ist. Es treibt einen ständig weiter, wie ein Treiben im Ozean des Lebens. Irgendwann stellt sich dem Treiben etwas entgegen. Ist es ein guter Strand, eine schöne Insel, ein gesundes Land, hat man Glück gehabt. Man kann aber auch im Sturm gegen Klippen geschlagen werden.

Das Getriebensein der vermeintlichen Freiheit entgegen kann schon etwas Gutes haben. Denn das Nichtweggehen aus krank machenden Verhältnissen kann zum totalen Untergang führen. Aber genauso kann das Weggehen ins Verderben führen. Die Fähigkeit des Aufbruchs in ein neues Leben ist eine ganz wichtige menschliche Eigenschaft. Geschieht sie in seelischer Stabilität, ist es wunderbar. Geschieht sie hingegen in Form eines Getriebenseins, liegt darin auch eine Gefahr, die sich in der Risikobereitschaft wie ein roter Faden durch das weitere Leben zieht. Wenn wir uns von dem Getriebensein befreien, verliert selbst der Kapitalmarkt sein bedrohliches Gesicht, weil wir in ihm nicht länger die ersehnte Lösung von Lebensproblemen, ähnlich wie im Lotto, suchen, sondern im konkreten eigenen Leben beginnen.

Ist der Friede also nicht im Kopf eingekehrt, kehrt er nie ein. Dann ist man ewig auf Achse, der vermeintlichen Freiheit entgegen. Der Ursprungskern des Friedens und der wirklichen menschlichen Freiheit liegt im ursprünglichen Zuhause. Gelingt es dort, gelingt es überall. Gelingt es dort nicht, braucht man Glück. Viel Glück.

## Identifikationsbrücken in die Vergangenheit

In der Umwelt lauern nämlich überall sogenannte Identifikationsbrücken zu früheren als nicht gesund erlebten Ichzuständen, die in die Gegenwart drängen, wenn sie einmal aktiviert sind. Je reifer und gesünder das aktuelle Ich ist, umso besser kann es das Drängen früherer als nicht gesund erlebter Ichformen in sich auflösen.

Die Identifikationsbrücken zu früheren Ichformen sind natürlich im ursprünglichen Zuhause um ein Vielfaches stärker als Tausende Kilometer weiter weg. Das ist der einfache Grund, warum es so viele Menschen von Zuhause wegzieht, da in der Ferne weniger Identifikationsbrücken liegen. In Stanford gab es einen berühmten Psychiatrieprofessor, der ganz offen darüber sprach, 5 000 Kilometer zwischen sich und seiner Mutter zu brauchen. Sonst könne er sich auf sein Leben nicht konzentrieren. Auch diese Ehrlichkeit ist ganz wichtig.

Das Drängen früherer Ichformen in die Gegenwart geschieht immer auf emotionaler Ebene und führt dazu, dass man sich nicht mehr wohlfühlt, den Grund aber nicht benennen kann. Früher erlebte, abgespeicherte emotionale Erfahrungen drängen in den Vordergrund und überschatten das Sein. Mit der Folge, dass die Person die ihr zur Verfügung stehenden Möglichkeiten zur Entfaltung des Selbst in ihrer aktuellen Umwelt nicht nutzen kann. Identifikationsbrücken zu Erlebnissen in der Lebensgeschichte können aber unabhängig vom Ort auftreten. Dafür reicht ein minimaler Hinweis. Ein Geruch, Gesten, eine Formulierung da, ein Geschmack dort. Durch einen unscheinbaren Auslöser kann ein früherer, nicht gesunder Ichzustand aktiviert werden und drängt in das gegenwärtige Leben.

Daher wird man alleine durch das Fortgehen nicht befähigt, sein Potenzial zu nutzen, besteht doch immer noch die Möglichkeit, auf frühere Entwicklungsstufen zurückzufallen. Diese verschiedenen Ichformen durchlaufen wir, wenn unsere aktuelle als gesund erlebte Ichform in der Ausgangssituation fragil ist. Dann ist sie nicht stark genug, um Irritationen automatisch immer und überall abfedern zu können. Ist unsere aktuelle und tatsächlich gesunde Ichform nicht fragil, reisen wir nur geografisch und nicht zusätzlich zwischen verschiedenen seelischen Formen. Und das ist das Ziel.

## Gesund und krank machende Wege

Der gesund machende Weg führt zum Traum vom gelingenden Selbst. Das macht den Weg seelisch leicht. Der krank machende Weg führt zu früheren, nicht gelingenden Formen des Selbst, die dadurch ganz konkret im Gefühl ins Leben treten. Das macht diesen Weg schwer. Um frei zu werden, müssen wir die Last des krank machenden Weges ablegen. Dann können wir überall hingehen und erlangen die innere Freiheit, um die äußere Freiheit, wo auch immer, nutzen und leben zu können.

Jeder Mensch hat prägende, belastende Erfahrungen. Damit es einem Menschen gut geht, braucht er eigentlich nicht viel zu tun. Er muss nur die gesund machenden Wege suchen und gehen und die krank machenden kennen und meiden. So wächst das Selbst in eine gesunde und kräftige Form. Die Kunst liegt darin, gesund machende Inseln im Leben bewusst kennenzulernen, zu benennen und immer dann zu besuchen, wenn es einem schlecht geht. In welchen Situationen und Umgebungen, in welchen Ausnahmen geht es uns ein bisschen besser oder vielleicht sogar gut – darauf ist der Fokus zu richten. So werden die gesund machenden Inseln mehr und mehr genützt, werden zu einem größeren Bestandteil des Lebens. Im Gegenzug werden die krank machenden Inseln auch benannt und immer weniger besucht. Im Grunde ganz einfach, in der Umsetzung nicht ganz so einfach. Nicht unwesentlich ist dabei die Erkenntnis, dass jedes Problem grundsätzlich auf zwei Ebenen angegangen werden kann. Die eine Ebene ist die seelische, die andere die pragmatische Ebene. Jede Problemlösung beginnt bei der pragmatischen Ebene. Das ist der Ansatzpunkt der Unternehmensberatung, des Coachings, der Mediations- und Konfliktberatung und natürlich der Politikberatung. Das kann man auf jeder Wirtschaftsuni im Schnellsiedegang lernen: Zustandsbeschreibung. Handlungsoptionen ausarbeiten. Abwägen. Entscheidung treffen.

Wir wollen die pragmatische Ebene als die Lösung im Vordergrund bezeichnen. Oft ist damit das Problem gelöst. Wenn nicht, kommt die seelische Ebene dran. Ein Problem so anzugehen, hat sich bewährt. Das ist die zeitgemäße Zugangsweise. Leider wird oft in ausschließlicher Kurzsichtigkeit auf den Vordergrund fokussiert. Die Problemlösung im Vordergrund ist in ihrer Methode Komplexitätsreduktion mit rational abgeleiteten Empfehlungen. Das ist nicht schlecht. Oft funktioniert es aber trotzdem nicht. Ist aber ein Problem nicht im Vordergrund pragmatisch zu lösen, ist das ein Hinweis, dass wir uns der Lösung im Hintergrund und damit unserer Seele zuwenden sollten.

# DIE ARBEITSWEISE UNSERER SEELE VERSTEHEN

## Die Programmierung der seelischen Software

Lebenswendungen und Entwicklungen im Leben sucht man sich nicht aus. Die kommen auf einen zu, ob man will oder nicht.
Gut ist, hat man dann passende Strategien und gute Werkzeuge zur Hand.

## Das Wesen der seelischen Entwicklung

Die seelische Entwicklung ist ein zielgerichteter Prozess und vergleichbar mit dem Schreiben eines Softwareprogramms, eben des seelischen Softwareprogramms. Dabei ist die Seele mit der Grundfähigkeit der Programmierbarkeit biologisch ausgestattet. Durch diese Grundfähigkeit füllt sich das seelische Softwareprogramm im Laufe der Lebensentwicklung mit Inhalten. Welche Inhalte in die Seele aufgenommen werden, wird von den drei Einflüssen bestimmt, die wir schon kennen: von den vorherrschenden gesellschaftlichen Codes, von der sozialen Einbettung des Menschen und von der persönlichen Entwicklung.

Menschen sind soziale Wesen und haben ein Grundbedürfnis nach Kooperation, Liebe und beantwortetem Wirken durch die Menschen in ihrer Umgebung. Sie brauchen Anerkennung, Wertschätzung und die bedingungslose Überzeugung: So, wie ich bin, ist es gut. Gewähren die gesellschaftlichen Codes und die soziale Einbettung diese Grundbedürfnisse, kann sich die Seele auf ihre Entwicklung konzentrieren, was schon schwierig genug ist. Die Seele strebt dann in einem sich selbst organisierenden Prozess in Richtung Gesundheit. Werden die Grundbedürfnisse aber nicht gewährt, versucht die Seele, sie zu erreichen. Dadurch rückt die persönliche Entwicklung unbewusst in den Hintergrund. In den Vordergrund rückt die menschliche Sehnsucht nach Liebe und beantwortetem Wirken durch die Menschen in der persönlichen Umwelt, was zu einem Spiel ohne

Ende werden kann. Daraus folgende seelische Zustände reichen vom Unglücklichsein, Unzufriedensein, Getriebensein bis zu den drei großen Gruppen seelischer Störung, den Neurosen, den Persönlichkeitsstörungen und den Psychosen. Je früher in der Lebensentwicklung diese Grundbedürfnisse nicht gewährt werden, umso schlechter ist das für die persönliche Entwicklung.

Konnte sich in der Herkunftsfamilie, in der sozialen Einbettung, ein gesundes Selbst entwickeln, spielen die gesellschaftlichen Codes in der persönlichen Entwicklung eine untergeordnete Rolle. Andererseits spielen sie eine gewichtige Rolle, wenn der Grundstein zum gesunden Selbst in der sozialen Einbettung nicht gelegt wurde.

## Ein Wort zu den Begriffen Software und Hardware

Eine Darstellung der persönlichen Entwicklung mit den Begriffen Software und Hardware ist zwar nicht richtig, da die beiden Funktionsbereiche Psyche und Nervengewebe nicht trennbar sind. Die Begriffe sind aber Bestandteile der Alltagskultur. Als aktiv teilnehmender Mensch tragen wir implizit eine Ahnung von ihrer Bedeutung in uns, wodurch sie hier hilfreich sind. Im übertragenen Sinn passen die Begriffe gut für die Beschreibung der psychischen Entwicklung.

Unser Gehirn besteht aus etwa 10 Milliarden Nervenzellen, die sich in Form von etwa 100 Milliarden Synapsen verbinden. Dieses System, das Nervengewebe, stellt uns psychische Funktionen zur Verfügung. Angewendete psychische Funktionen verändern wiederum das Nervengewebe entweder in der biochemischen Funktion der Synapse oder in einer Änderung der Gehirnanatomie auf histologischer Ebene über den Genpool. Die Aktivierung eines neuronalen Netzwerks durch eine Information, gleichgültig ob in Gedanken oder Gefühlen und gleichgültig ob bewusst oder unbewusst, verändert unser Nervengewebe. Die Entwicklung der psychischen Software vollzieht sich also in den Wirkungen des Grundpotenzials auf die im Nervengewebe entstehende Psyche.

## Verarbeitung, Speicherung und Aktivierung von Informationen

Die psychische Software kennzeichnen drei grundlegende Eigenschaften: erstens, ansprechbar zu sein, zweitens, anpassungsfähig zu sein, und drittens die Fähigkeit, sich selbst zu generieren.

In der ersten Phase der Entwicklung ist die psychische Software damit beschäftigt, einen eigenen Bezugsrahmen aufzubauen. Dieser Anpassungsprozess der psychischen Software ist vergleichbar mit einem Supercomputer, der jede Information aus der Umgebung aufnimmt, um in der Software einen Bezugsrahmen für Wahrnehmungen aus der Umwelt zu schaffen. Diesen sich bildenden Bezugsrahmen nennen wir Ichhaus, da hier der Mensch im wahren Sinn des Wortes zu Hause ist. Durch die Sinnesorgane aufgenommene Informationen werden im Ichhaus verarbeitet, indem sie mit früheren Informationen in Bezug gesetzt werden. Ein Mensch kann Informationen aus der Umwelt nicht unvermittelt, also nicht primär, wahrnehmen, vielmehr werden Informationen unter Bezugnahme auf frühere Informationen interpretiert. Dieser Umstand führt bei differenzierter Betrachtung zu einer Wirklichkeit erster Ordnung, der Welt ohne menschliche Deutung, und einer Wirklichkeit zweiter Ordnung, der Welt im menschlichen Bedeutungsrahmen. Doch erst in der Anwendung des reflexiven Bewusstseins kann es einem Menschen ansatzweise gelingen, der Falle der vorgetäuschten Weltwahrnehmung zu entkommen, indem er die Fähigkeit erlangt, Sichtachsen zu wechseln.

Die Arbeitsweise des Ichhauses können wir uns jetzt wie folgt vorstellen: Auf der Festplatte sind sämtliche Informationen aus dem Verlauf unseres Lebens gespeichert. Zugleich werden aktuelle Wahrnehmungen im Arbeitsspeicher des Ichhauses bearbeitet, um dann ebenfalls auf der Festplatte gespeichert zu werden. Der Arbeitsablauf im Ichhaus vollzieht sich also auf zwei Ebenen: erstens die Wahrnehmung und Bearbeitung von Information im Arbeitsspeicher und zweitens die Speicherung der wahrgenommenen und bearbeiteten Information auf der Festplatte.

Dabei arbeitet der Arbeitsspeicher in der psychischen Software in zwei Arbeitsprozessen: jenem, der uns Menschen bewusst ist, und jenem, der uns nicht bewusst ist. Von 100 % bearbeiteter Informationen im Arbeitsspeicher sind uns etwa 5 % bewusst, also bleiben 95 % der bearbeiteten Informationen unbewusst und werden als unbewusste Erlebnisse auf der Festplatte abgespeichert.

Wir können uns den Arbeitsspeicher auch als einen inneren Kinofilm vorstellen, der ständig neu entsteht und abläuft. Die psychische Software repräsentiert einen Menschen als einen sich selbst betreffenden Darsteller, eingebettet in eine Umwelt mit weiteren Akteuren im Kinofilm des Lebens. Ist eine Episode zu einem Ende gekommen, schließt der Arbeitsspeicher den Film ab und speichert ihn auf der Festplatte. Im Prozess des Abspeicherns wird der Film dabei in zumindest zwei Teile zerlegt, in den kognitiven und den emotionalen Teil der Erinnerung, die über unterschiedliche Gehirnbahnen in unterschiedlichen Gehirnarealen abgespeichert werden.

Arbeitsspeicher und Festplatte sind dabei zwei Arbeitsebenen im Ichhaus, die ständig im Austausch stehen. Der Arbeitsspeicher holt sich für die Bearbeitung aktueller Wahrnehmungen diejenigen Informationen von der Festplatte, die mit den aktuellen Wahrnehmungen in Bezug stehen. Diese Aktivierung von Informationen aus der Festplatte in den Arbeitsspeicher geschieht, wenn aktuelle Wahrnehmungen Identifikationsbrücken zu früher gemachten Informationen beinhalten. Ein berühmtes Beispiel hierzu sind die „Madeleines“ in Marcel Prousts Roman „Auf der Suche nach der verlorenen Zeit“. Willentlich kann sich Proust nur schwer an seine Kindheit erinnern. Erst, als er einmal den Teekuchen in den Tee tunkte und auf seiner Zunge zergehen ließ, war alles wieder da: das Haus seiner Kindheit, die Stadt, der Platz, die Straßen, die Blumen des Gartens. Es war also der mit Tee getränkte Teekuchen, der über die Wahrnehmungskanäle des Mundes als Identifikationsbrücke zu früheren Erinnerungen wirkte.

Früher gemachte Erfahrungen werden als frühere Ichformen auf der Festplatte gespeichert und durch Identifikationsbrücken aktiviert. Es spielt dabei keine Rolle, ob es sich um bewusst oder unbewusst wahrgenommene Situationen handelt. Erlebt zum Beispiel ein Mensch in einer Situation eine Identifikationsbrücke, die sein Körpergedächtnis aktiviert, wird eine bestimmte körperliche Empfindung in seinem Ichhaus spürbar. Der Mensch fühlt sich in der Situation nicht mehr wohl.

Die auf der Festplatte gespeicherten früheren Ichformen bilden in ihrer Gesamtheit das Selbst eines Menschen. Der sich in einer Situation konkret erlebende Mensch ist das (aktuelle) Ich. Ein Mensch wird also in seinem Leben in Form der Gestalt seines Ich sichtbar. Das Ich ist der Mensch so, wie er redet, sich verhält, einfach ist, wie er ist und von außen wahrgenommen wird. Die Distanz dahinter ist das Selbst, das als Softwareapparat das Ich ausformt.

Das Selbst hinter dem Ich nennen wir in der systemischen Therapie das persönliche Referenzmodell. Es ist das Selbst, das das Ich formt. Eine Wahrnehmung wird als Information aufgenommen und im persönlichen Referenzmodell in Bezug auf bestehende, bereits geprägte Werte und Ordnungsmerkmale beurteilt. Die Beurteilung wird dann vom Ich übernommen und führt zu einer Reaktion. Alle Erfahrungen in der Kindheit (während der sozialen Einbettung) und in der weiteren Sozialisation (durch die gesellschaftlichen Codes) werden im persönlichen

Referenzmodell abgespeichert. Darum ist es möglich, dass ein Mensch etwas Nichtpassendes tut, das aber nicht so wahrnimmt, da er keine Abweichung zwischen seinem Tun und seinem Referenzmodell spürt. Er wird sich im gesellschaftlichen Kontakt die Hörner abstoßen, um zu lernen, dass sein Sein, bestehend aus seinem Ich und seinem Selbst mit dem daraus abgeleiteten Verhalten, nicht den allgemein akzeptierten Ausformungen entspricht.

Für uns alle prüfenswert ist jedenfalls, welchen Menschen wir in unserem persönlichen Referenzmodell welche Position geben. Sind wir beispielsweise hierarchisch und katholisch aufgewachsen, werden in unserem Referenzmodell die Kathederredner mit hoher Wahrscheinlichkeit immer recht haben, egal, wie viel Unsinn sie sagen. Im Prozess der Selbstreflexion werden diese Codierungen bewusst gemacht. Dann können wir uns fragen, ob wir weiterhin unbeschränkt den Kathederrednern glauben wollen. Eine Wahrnehmung wird also nie als solche beurteilt, sondern immer nur in Bezug auf bereits bestehende Erfahrungen, die im persönlichen Referenzmodell (oder Ichhaus), dem Selbst, abgespeichert sind.

## Das In-Kontakt-Treten mit sich selbst

Die Kontaktaufnahme eines Menschen mit seinem Ichhaus erfolgt durch das reflexive Bewusstsein. Der Mensch tritt mit sich in Kontakt, indem er sein Gegenüber hört. Diese Art der Kommunikation findet in der äußeren wie der inneren Welt eines Menschen statt. Findet die Kommunikation in der äußeren Welt statt, sprechen zwei Menschen miteinander oder ein Mensch kommuniziert mit sich über Objekte, zum Beispiel über ein Bild, einen Text, eine Idee, ein Unternehmen und dergleichen. Die gewonnenen Informationen regen nach Aufnahme in die Innenwelt des Menschen eine Stimulation der psychischen Software an. Findet die Kommunikation dann in der Innenwelt statt, spricht ein Mensch in Gedanken mit sich, welche Aussage dieses oder jenes Objekt hat, was andere Menschen gesagt oder getan haben, sagen oder tun werden.

So, wie sich ein Mensch die Kommunikation mit anderen Menschen in seiner Innenwelt vorstellen kann, kann er auch mit unterschiedlichen Vorstellungsformen von sich in sich kommunizieren. Da es sich dabei um Vorstellungsformen seines Ich handelt, die er klar von seinem aktuellen Ich unterscheiden kann, erhält das aktuelle Ich von einer anderen Ichform Informationen, die als Stimulus in der psychischen Softwareprogrammierung wirken – Veränderungen finden statt. Ein Mensch kann also sowohl in der Außenwelt als auch in der Innenwelt kommunizieren. Von 100% bearbeiteter Information im Arbeitsspeicher stammen 4% aus Informationen der aktuellen Umwelt, der Außenwelt, und 96% aus Informationen des internen Bezugssystems, der Innenwelt. Das bedeutet, die psychische Software ist zu einem überwiegenden Teil mit der Bearbeitung gespeicherter Information beschäftigt. Aktuelle Situationen sind nur in seltenen Fällen tatsächlich neu, sondern beziehen sich in überwiegender Zahl auf bereits gemachte Erfahrungen. Wahrgenommene Informationen werden dabei in zwei Teile zerlegt: in den Teil, dessen Inhalt das Bezugssystem bestätigt, der also bereits bekannt ist, und in den Teil, der eine Erstinformation enthält, der also noch nicht bekannt ist. Dieser Teil bewirkt eine Stimulierung in der Fortentwicklung des Bezugsrahmens, des Ichhauses.

Tritt ein Mensch mit sich in Kontakt, erfolgt dies meist in konkreten Situationen, in denen er sich fragt, ob dies oder jenes besser oder schlechter ist. Das In-Kontakt-Treten findet also überwiegend kontextbezogen statt, einmal in Bezug auf die Arbeit, ein andermal in Bezug auf den Liebespartner, ein drittes Mal in Bezug auf den eigenen Körper.

Fragt sich ein Mensch zum Beispiel etwas in Bezug auf seine Eltern, tritt er gedanklich in das Ichhaus ein, überlegt seine Gedanken in der Kommunikation mit sich und tritt wieder aus. Da die Kommunikation eines Menschen an sich zu 96 % eine Kommunikation in seiner Innenwelt ist, stellt das Austreten aus dem Ichhaus eher die Ausnahme als den Regelfall dar. Hat man also eine bestimmte Fragestellung zu einem konkreten Thema und tritt dazu gedanklich in das Ichhaus, macht es demzufolge wenig Sinn, immer wieder raus und rein zu gehen. Klüger ist es, gleich drinnen zu bleiben, um Klarheit über dieses Thema zu gewinnen.

## Räume und Einrichtung im Ichhaus

Wenn nun ein Mensch das erste Mal sein Ichhaus betritt, erscheint es ihm als ein großer Raum. Tatsächlich ist unser Ichhaus eher mit einem Palast vergleichbar, der im Erdgeschoß einen großen zentralen Lebensraum mit Kontaktflächen nach außen (jenen 4% zur Außenwelt) hat. In diesem großen Raum halten wir uns überwiegend auf. Die Geschehnisse in diesem Raum entsprechen unseren im Alltag ablaufenden Handlungen. Neben diesem zentralen Raum gibt es noch andere Räume. So etwa den Raum, der unsere Herkunft repräsentiert, oder den Raum, der unser Arbeitsleben repräsentiert, oder den Raum, der unser Beziehungsleben darstellt. Unser Ichhaus enthält so viele Räume, wie Lebenskontexte für uns in unserem bisherigen und zukünftigen Leben wichtig sind. Im Rahmen unseres Alltagslebens befinden wir uns wie erwähnt im großen zentralen Raum unseres Ichhauses. Angenommen, in diesem Alltagsleben gesellt sich nun zu einem Menschen sein Lebenspartner. Die beiden besprechen dies und jenes. Nach dem Gespräch geht der Lebenspartner wieder dem Berufsleben nach. Unserem Menschen aber klingt das Thema des Gespräches noch aktiv in seinen Denkprozessen nach. Er nimmt sich Zeit und Muße, sich dem zu widmen. Was geschieht jetzt in seiner inneren Welt?

Er geht innerhalb seines Ichhauses in den Raum, der sein Leben in der Partnerschaft repräsentiert. Dieser Raum wie jeder andere des Ichhauses besteht aus einer Bibliothek, in der alle früheren Erlebnisse in Bezug auf

Lebenspartnerschaft festgehalten sind. Aus der Vielzahl an Erlebnissen wählt er in der Bibliothek diejenigen aus, die durch Identifikationsbrücken aus dem vorherigen Gespräch mit dem Lebenspartner aktiviert wurden. Die ausgewählten Erlebnisse sind frühere Ichformen des Menschen. Nimmt der Mensch diese Erlebnisse aus der Bibliothek, sind für ihn nun nicht nur seine aktuelle Ichform, sondern auch frühere Ichformen erlebbar. Der Mensch kann jetzt in einem bequemen Sessel in der Mitte des Raumes Platz nehmen und die anderen Ichformen auf den übrigen bequemen Sesseln Platz nehmen lassen. So kann er mit ihnen direkt in Kontakt treten, kann sie fragen, was sie zu dem vorigen Gespräch mit dem Lebenspartner sagen. Das kann natürlich nur nach längerem Training gelingen. Zuvor präsentieren sich solche Momente auch als innere Kämpfe in einem Hin-und-her-Gehen mit innerer Unruhe und Spannung.

So, wie in dem Raum eine Bibliothek früherer Ichformen ist, befindet sich daneben eine Ablage mit Personen, die aktiv werden, wenn sie durch das Thema mit dem Lebenspartner in der früheren Lebensgeschichte des Menschen berührt werden; also Personen, die früher in der Lebensentwicklung für den Menschen zu dem Thema mit dem Lebenspartner wichtig gewesen sind. Natürlich wollen auch sie in der Mitte des Raumes auf einem Stuhl Platz nehmen. Der Mensch ist gut beraten, wenn er ihnen dies gewährt, da sie sonst von der Ablage aus ständig dazwischenreden.

Gegenüberliegend im Raum ist ein weiterer wichtiger Bereich, den die meisten Menschen nicht mehr kennen.

Es ist der Bereich, der ihren Traum von einer gelingenden Lebenspartnerschaft beherbergt. Natürlich will auch dieser Traum am Gespräch teilnehmen. Er ist aber verglichen mit den Personen aus der Lebensgeschichte viel zurückhaltender, da er weiß, dass der Mensch für ihn reif werden muss, um für ihn und letztlich für sich selbst geradezustehen. Das erfordert Mut und führt zu Veränderungen im Leben. Deshalb ist der Traum des Menschen sehr zurückhaltend.

In einem Raum unseres Ichhauses sind also eine Bibliothek unserer früheren Ichformen, eine Ablage mit für uns wichtigen Personen, unser Traum vom gelingenden Selbst und in der Mitte bequeme Stühle. So versteht es sich von selbst, weshalb wir in einer konkreten Lebenssituation nur allzu leicht verwirrt sein können. Das Bewusstsein gaukelt uns ein einziges Ich vor. Dieses besteht jedoch aus vielen Einzelformen. Einmal sagen wir dieses, weil unser aktuelles Ich die Aussage einer bestimmten Einzelform übernimmt. Ein andermal sagen wir jenes, weil das aktuelle Ich eine Aussage einer anderen Einzelform übernimmt. Wir haben aber als gesunde Menschen die Fähigkeit, unsere verschiedenen Einzelformen unbewusst abzufragen und frühere Erlebnisse in unser aktuelles Ich zu integrieren. Wir sind dann im zentralen Raum des Ichhauses mit den Kontaktflächen zur Außenwelt durchgängiger wir selbst und können letztlich in Klarheit aus unserem Ichhaus heraustreten.

Fällt uns das zu Beginn schwer oder können wir das noch nicht, können wir es – das psychische Gesundwerden – aber lernen, indem wir immer wieder versuchen, in konkreten Lebenssituationen bewusst mit uns selbst in Kontakt zu treten, und dem der Fragestellung und dem Thema entsprechenden Raum in unserem Ichhaus einen Besuch abstatten. Klug und besonnen erfolgen diese Auseinandersetzungen mit unseren verschiedenen Einzelformen in den sinnbildlichen bequemen Sesseln. Vielleicht bevorzugt man auch einen anderen Ort, einen Strand, den Platz unter einem schattigen Baum, eine Berghütte und dergleichen. Jedenfalls ist es eine handwerkliche psychische Kunst, die gelernt werden will, um bereit zu sein, auch die Stimme des Traums vom gelingenden Selbst deutlicher wahrzunehmen. Denn so, wie wir mit einer früheren Ichform in Dialog treten können, können wir auch mit unserem Traum vom gelingenden Selbst in Kontakt treten.

# DEN TRAUM VOM GELINGENDEN SELBST ZUR BESTIMMENDEN GRÖSSE MACHEN

## Die Weiterentwicklung der Softwareprogrammierung

Das Leben ist auf Gesundheit programmiert, sofern ihm die notwendigen Nährstoffe dafür gewährt werden. Genauso, wie das Streicheln oder Anbrüllen der Olive am Baum nicht dazu führt, dass sie schneller reif wird, nützt Eile in der persönlichen Reife wenig.

## Weiterentwicklung unserer Softwareprogrammierung

Wie sich auf der Festplatte die Informationen unserer früheren Ichformen angesammelt haben, sind dort auch unsere potenziellen, also möglichen Ichformen abgespeichert. Wir können also eine Lebenswahrnehmung in Bezug auf unser aktuelles Ich interpretieren oder in Bezug auf eine potenzielle Ichform. Die potenzielle Ichform, die das Gesundsein eines Menschen repräsentiert, nennen wir den Traum eines Menschen von seinem gelingenden Selbst.

Das In-Kontakt-Treten bzw. der Austausch mit unterschiedlichen Ichformen versetzt uns in die Lage, Wahrnehmungen (unser Sein, eine konkrete Lebenssituation, die Welt ...) anders als bisher zu interpretieren. Die unterschiedliche Interpretation einer Wahrnehmung versetzt uns wiederum in die Lage, anders als bisher auf eine bestimmte Situation zu reagieren. Anderes Verhalten kommt also durch die Weiterentwicklung unserer psychischen Software zustande. Und die Entwicklung unserer psychischen Software wird durch Informationen stimuliert, die unseren bestehenden Bezugsrahmen nicht nur bestätigen, sondern auch zur Weiterentwicklung anregen. Dies kann durch die Außenwelt erfolgen oder im Kontakt mit unserer potenziellen Ichform, indem diese dem aktuellen Ich Informationen mit Erstmaligkeit anbietet und sich so der Entwicklung unseres Bezugsrahmens, des Ichhauses, zur Verfügung stellt. Ein wesentlicher Schritt ist gemacht, wenn wir gegenüber unseren automatisch ablaufenden Gedanken und den dabei auftretenden Bewertungen und Einstellungen, unserem „Glaubenssystem“, sensibler werden. Nehmen wir die Symbole A, B, C, D, E für die Wahrnehmungs- und Handlungskaskade eines Menschen. A ist die Wahrnehmung eines Ereignisses durch einen Menschen. Auf diese Wahrnehmung reagiert der Mensch in seinem Alltagsbewusstsein mit C, einer Konsequenz, einer Handlung auf die Wahrnehmung. Bleibt ein Mensch mit seinem Alltagsbewusstsein immer in seiner aktuellen Ichform, wird er auf A immer mit dem gleichen C reagieren. Entscheidend ist nun, dass nicht A – C bestimmt, sondern B, der Bezugsrahmen des Menschen, sein Ichhaus. Ein Mensch nimmt A wahr, verarbeitet dies in seinem Bezugsrahmen B. Die Wahrnehmung A wird in B immer gleich interpretiert mit der Folge des gleichbleibenden C. Interagiert ein Mensch nun durch sein reflexives Bewusstsein in seinem Ichhaus mit anderen Ichformen, etwa seinem Traum vom gelingenden Selbst, verändert sich der Prozess: A bleibt eine Konstante, aber der Bezugsrahmen B wird zu B´ und als Konsequenz daraus wird C zu C´. Das heißt, B und C können sich verändern. Die Veränderbarkeit von B und C zeigt sich im Symbol D, das für den Dialog eines Menschen mit sich selbst steht. Das In-Dialog-Treten führt zu einem anderen Wirken des Menschen im Umgang mit sich und seiner Umwelt, ausgedrückt durch das Symbol E für Effekt.

Zum Verständnis, zum Weiterentwickeln und zum Umprogrammieren der psychischen Software brauchen wir also drei Begriffe: das Ichhaus, den Traum vom gelingenden Selbst und die Eselsbrücke mit A, B, C, D, E.

## Die Reise zum Traum vom gelingenden Selbst

Betrachten wir den Traum vom gelingenden Selbst aus der Nähe, wissen wir schon Folgendes: Da ist das Ichhaus mit seinem zentralen Raum, der den Menschen in seinem Alltagsbewusstsein mit seiner aktuellen Ichform repräsentiert. Darüber hinaus enthält das Ichhaus so viele weitere Räume, wie für den Menschen wichtig sind. Die Räume enthalten eine Bibliothek mit den früheren Ichformen, eine Ablage mit für den Menschen wichtigen Personen, gegenüberliegend den Bereich, der den Traum des Menschen von seinem gelingenden Selbst repräsentiert. Und in der Mitte des Raumes stehen die bequemen Stühle. Die Räume des Ichhauses beinhalten immer den für den Kontext des Raumes passenden Traum vom gelingenden Selbst. In ihrer Gesamtheit ergeben die kontextbezogenen Träume den Traum des Menschen von seinem gelingenden Leben.

Die Ichform, die den Traum des Menschen von seinem gelingenden Selbst repräsentiert, ist das dazu geformte Grundpotenzial des Menschen. Dieses Grundpotenzial stellt ständig Anfragen an die aktuelle Ichform. Abhängig von der Sozialisation im Laufe der Lebensgeschichte eines Menschen, aber auch von seiner Widerstandsfähigkeit lässt die aktuelle Ichform Anfragen des Grundpotenzials zu oder weist sie zurück. Das Abweisen der

Anfrage entfremdet den Menschen von sich und führt zu stetig mehr Unbehagen. Das Zulassen von Anfragen steigert die Zufriedenheit des Menschen mit seinem Leben und drückt sich in Gesundheit aus. Denn Gesundheit ist letztendlich die Fähigkeit eines Menschen, mit offenem Herzen auf das Leben zuzugehen, und wird durch das Wirken in seinen Umwelten sichtbar. Es ist die integrierte Wahrnehmung eines Menschen von sich in Bezug auf Anfragen und Herausforderungen des Lebens. Können sie gelingend angenommen und für den Menschen positiv beantwortet werden, ist Gesundheit vorhanden. Die Fähigkeit, für Anfragen des Lebens offen zu sein, also Gesundheit, ist kein einmal erreichter Zustand, sondern will täglich neu entwickelt werden.

Gesundheit erleben wir immer dann, wenn sich unser aktuelles Ich und unser Traum vom gelingenden Selbst tendenziell einem gemeinsamen Werdeziel nähern, also wenn wir ansatzweise sind, was wir potenziell werden können. Die Berührung des aktuellen Ich mit dem Traum vom gelingenden Selbst erleben wir als Glück. Sie bewegen sich aufeinander zu, wenn wir gelernt haben, an uns und unseren Traum zu glauben, auch wenn er zunachst eine in der Zukunft liegende Realität ist, die vorerst nur im Licht des reflexiven Bewusstseins in der Lebenslandschaft sichtbar wird.

Nehmen wir als Beispiel den Gipfel eines Berges. Vom Basislager aus ist der Gipfel des Berges infolge dichter Wolken nicht sichtbar. Obwohl der Gipfel nicht sichtbar ist, ist er da. Früher oder später bewegt der Wind die Wolken, sodass der Gipfel in voller Größe im Sonnenlicht sichtbar wird. So können Menschen den Weg zum Gipfel in Ruhe planen. Das Erreichen des Gipfels ist für die Menschen im Basislager eine in der Zukunft liegende Realität. Durch Klugheit, Besonnenheit und tägliche Marscharbeit kommen sie dem Gipfel näher, bis sie Schritt für Schritt die in der Zukunft gelegene Realität erreichen. Früher oder später sind diese Menschen auf dem Gipfel angelangt.

Durch regelmäßigen Kontakt mit unserem Traum vom gelingenden Selbst wird auch dieser in unserer Lebenslandschaft immer besser erkennbar. Wir können so in Ruhe die Wegetappen planen, den passenden Proviant auswählen, die passenden Begleiter zusammenstellen. Durch tägliches Tun werden wir früher oder später an dem von uns angepeilten Ziel ankommen. So, wie bei passender Planung im angeführten Beispiel früher oder später der Gipfel erreicht wurde, werden wir früher oder später unseren Traum vom gelingenden Selbst wahr machen. An diesem Ziel angekommen, werden sich neue Ziele einstellen. So ist das Entscheidende im Leben eines Menschen nicht die Ankunft in einem Traum vom gelingenden Selbst – so wichtig sie auch ist –, sondern die Reise und tendenzielle Annäherung des Menschen an seinen Traum vom gelingenden Leben.

Können wir unseren Traum nicht sehen, ist es wie mit dem Gipfel, der durch Wolken verdeckt ist. Obwohl wir ihn nicht sehen, ist er doch da. Der Prozess des inneren Dialoges verhält sich wie der Wind, der nach und nach die Wolken wegbläst. Der Gipfel wird immer besser sichtbar. Auch der Traum vom gelingenden Selbst wird stetig klarer, je mehr wir uns mit uns beschäftigen.

## Selbsttraining

Eine Möglichkeit, den Traum vom gelingenden Selbst für sich erlebbar zu machen, ist die Erarbeitung eines Gesundheitsbildes. Angenommen, man ist ganz gesund und lebt in einer Situation, in der man alles, was einem wichtig ist, erreicht hat: Wie schaut man in der Situation aus? Wo ist man da? Mit welchen Personen ist man da? Welche Kleider hat man an? Wie steht man da? Wie riecht man? Wie redet man? Wie fühlt man sich an? Was gelingt einem da? Solche Fragen stellt man und nimmt dazu die passende Haltung ein. Dann kann man sich überlegen, welchen Namen man dieser Rolle, dem gesunden Anteil in einem, gibt, z. B. Zielpeter oder irgendwie anders. Beim Spazierengehen oder im Alltag kann man den Namen einfach vor sich hinsagen und so den gesunden Anteil in einem rufen. Die Erarbeitung des Gesundheitsbildes ist das Hereinholen einer in der Zukunft liegenden Realität. Das Arbeiten damit ist die Kraft der eigenen Verwirklichung.

Das ist Training wie beim Tennisspielen oder Skifahren. Das können wir ohne Training auch nicht. Wir trainieren in der Schule alle möglichen Fertigkeiten. Und in der Herkunftsfamilie trainieren wir sämtliche Rollen, die vielleicht gar nicht zu uns passen. Im Beruf trainieren wir weiter spezifische Fähigkeiten. Aber das Training an unserem Selbst findet oft nicht statt, weil es Zeit braucht, wir aber gerne, von Ungeduld getrieben, nach schnell wirkenden Lösungen Ausschau halten. Die gibt es bei Reifungsprozessen aber nicht. Auch ein Zitronenkern braucht drei Monate Dunkelheit im Boden, bevor er die ersten Sonnenstrahlen ertragen kann. Genauso fällt Obst vom Baum, wenn es reif ist und nicht vorher. Der Bildhauer nimmt sich Zeit, das fertige Kunstwerk vor seinem geistigen Auge reifen zu lassen, bis es in gedanklicher Schärfe steht. Er kennt die in der Zukunft liegende Realität seines Werkes und sucht dafür den passenden Marmorblock geduldig aus. Ebenso wählt er die Werkstatt mit Bedacht, sodass alle notwendigen Werkzeuge immer griffbereit bei der Hand sind. Und so arbeitet er.

Ebenso ist es bei der Besteigung eines Gipfels im Himalaja. Der Gipfel liegt in der Ferne, so, wie der Traum vom gelingenden Selbst in der Ferne liegt. Dann machen wir uns auf den Weg. Wir planen die Seilschaft, stellen die Ausrüstung und den Proviant zusammen, bereiten alle notwendigen Tag- und Nachtlager vor. So kommen wir dem Gipfel Schritt für Schritt näher.

Nicht mehr und nicht weniger müssen wir in unserem Selbsttraining tun. Genauso, wie das Streicheln oder Anbrüllen der Olive am Baum nicht dazu führt, dass sie schneller reif wird, nützt Eile in der persönlichen Reifung wenig. Es ist ein Prozess, der einer inneren Vorschrift folgen muss. Wie die Olive hat unsere Seele ihren eigenen gesunden Takt und Rhythmus. Sind wir bereit, den zu gehen, bewegen wir uns in Richtung Gesundheit.

# SYMPTOME ALS HINWEIS-SCHILDER ERKENNEN

## Der Körper und die Seele

Die entstehende Energie an der Reibungsfläche zwischen dem wahrgenommenen Selbst und dem Selbstideal wird abgeführt – so oder so. Ziel ist es, diese Energie für ein gelingendes Leben zu nutzen.

## Das Zusammenspiel von Körper, Seele und Umwelt

Gesundheit ist das Bestreben, ein sozial und wirtschaftlich erfülltes Leben zu führen. In dieser Beschreibung bringt die Weltgesundheitsorganisation zum Ausdruck, dass es sich bei Gesundheit um einen Prozess handelt, der stetig das Bemühen um Gesundheit braucht. Früher hat die WHO unter Gesundheit einen Zustand vollkommenen körperlichen, seelischen und sozialen Wohlbefindens verstanden. Das war keine Definition, sondern ein Bildungsideal, und zwar ein sehr hohes. Es war eine Zustandsbeschreibung statt der heutigen Prozessbeschreibung. In der Medizin verstehen wir Krankheiten heute in einem Zusammenspiel aus Körper, Seele und Umwelt und nennen diese Sichtweise biopsychosoziale Medizin. Die Ursprünge der Psychosomatik führen bis in die Anfänge der Medizin. In der Philosophiegeschichte ist das Leib-Seele-Problem seit der Antike eine zentrale Frage, wenngleich niemand weiß, ob die Unterscheidung in Leib und Seele wirklich vorhanden ist.

In meiner Ausbildung zum praktischen Arzt, dem Arzt für Allgemeinmedizin, habe ich auf allen körperorientierten Krankenhausabteilungen gearbeitet und gelernt, dass das Einbeziehen seelischer Aspekte bei allen körperlichen Störungen eine Hilfe sein kann. Natürlich spielt die Seele nicht bei allen körperlichen Krankheiten eine Rolle, aber bei sehr vielen, wie auch folgendes Beispiel zeigt. Die Geschichte handelt von einer Frau und ihrem Ramus.

Lange haben die Eltern auf dieses Kind gewartet. Der Vater, ein lebensfroher Herr, schon in höherem Alter, erlebt in der Geburt seiner Tochter das Glück auf Erden. Anders die Mutter, eine schöne, hochgewachsene Frau, wenn auch nicht mehr in den besten Jahren. Irgendetwas steht wie ein Schatten zwischen ihr und der kleinen Tochter. Die Familie wohnt in einer schönen Wohnung, der Vater ist Schuhmacher und im Ort beliebt. Das kleine Mädchen ist hübsch und lebensfroh. Eine glückliche Kindheit scheint ihr beschieden. Und dann passiert etwas Schreckliches: Die Mutter steht auf dem Fenstersims und droht, hinunterzuspringen. Was drängt sich da in die Familie? Was bedrückt die Frau, welcher Schatten liegt auf ihrem Leben und hindert sie an der Liebe zu ihrer Tochter? Es ist ihr toter Sohn. Die Frau ist heimlich noch immer in Trauer um ihren jung verstorbenen Sohn. Ihr Mann will nicht wahrhaben, dass das nach so vielen Jahren noch sein kann. Das kleine Mädchen, ihre Tochter, hat davon keine Ahnung. Das Mädchen bemüht sich um die Liebe der Mutter. Aber nichts in aller Welt gelingt ihr so gut, dass ihr die ihr zustehende Liebe zuteil wird. Das Nicht-angenommen-Werden durch die Mutter zieht sich wie ein roter Faden durch das Leben der hübschen, lebensfrohen Tochter. Durch ihre Heirat bessert sich die Beziehung zur Mutter. Ihr Mann und ihr erster Sohn geben ihr Halt. Ihr Leben ist nach vorne orientiert. „Den Mutigen gehört die Welt", tönen die Worte des Vaters in ihrem Herzen. Sie ist eine kräftige Frau, kann aber nicht auf sich selbst achtgeben. Das hat sie nicht gelernt. Nicht beim Vater und jetzt nicht beim Mann. Das Leben zeigt seine Spuren und so zieht sich die Frau in ihr Inneres zurück. Die Freiheit und Leichtigkeit ihres Lebens gehen verloren. Ein Schleier von Härte und Verbitterung breitet sich über ihr Leben aus. Der Einzige, der gegen die Härte im Leben aufsteht, ist Ramus. Er gebietet der starken Frau Einhalt. Er zwingt sie ans Krankenbett. Ramus ist ihr Herzkranzgefäß, der Ramus circumflexus, der stellvertretend für ihr Leben um Hilfe schreit. Der Ramus hat für das kleine Mädchen und für die erwachsene Frau die Stimme erhoben. Ihr Herz sagt, was sich die Frau als Tochter von ihrer Mutter gewünscht hat: Geborgenheit, Achtsamkeit, Fürsorge und Liebe. Lernt die Frau, auf ihren Ramus zu hören, ihm die nötige Fürsorge und Achtsamkeit zu geben, dann lernt sie, sich selbst die Liebe der Mutter zu geben.

## Die Gesellschaft fördert die Lifestyle-Krankheiten

Gesundheit ist viel mehr, als heute in der Krankenbehandlung verstanden wird. Nach unserem Versicherungssystem ist jemand gesund, der keine Krankheit hat. Da sich viele Menschen aber nicht gesund fühlen, wird emsig nach Krankheiten gesucht. Im Körper werden sie aber vielfach nicht gefunden, weil es sich um seelische Krankheiten handelt. Im Übrigen ist in der Medizin vollkommen klar, dass die vielen Lifestyle-Krankheiten, wie Zuckerkrankheit, koronare Herzkrankheiten, aber genauso Angststörungen und Burn-out, in überwiegendem Maße ihren Ursprung in der Art und Weise haben, wie wir unser Leben gestalten. Und das ist in großer Zahl nicht gesund machend. Dabei wäre es so einfach, gegen diese Lebensgewohnheiten und Krankheiten anzugehen. Es bräuchte nur die Benutzung der Werkzeuge, die in uns angelegt sind: des Wahrnehmens von Gefühlen und der Reflexion darüber. Die Werkzeuge sind in jedem von uns vorhanden, werden nur nicht genutzt. Im Gegenteil: Die Gesellschaft lenkt den Fokus nicht darauf, wie wir gesund leben können, sondern lenkt vielmehr davon ab. Es ist besser und einfacher, wir essen uns in die Zuckerkrankheit, trinken uns in die Leberzirrhose oder arbeiten uns in den Herzinfarkt, statt uns Raum, Zeit und Sicherheit zu geben, um zu überlegen, ob wir das, was wir tun, wirklich wollen. Die Lifestyle-Krankheiten sind heute teilweise die Opiate des Volkes, sie füllen das Leben mit Inhalt und Sinn und werden von der Gesellschaft unterstützt. So bleiben wir mit unseren Krankheiten beschäftigt.

Das Auftreten von psychischen Störungen birgt aber auch die Chance, dass Menschen sich gründlich überlegen, ob sie dem Opiat einer Lifestyle-Krankheit erliegen oder aus der Abhängigkeit aussteigen wollen. Die ersten Schritte in diese Richtung sind Reflexion und das Lernen, auf das eigene Gefühl zu vertrauen. Geschieht das, entwickelt sich Gesundheit in einem sich selbst organisierenden Prozess. Damit wird die Tür geöffnet. Das Leben kann in dieser Öffnung nach Gesundheit drängen, so, wie es in seinem Wesen angelegt ist.

## Schlafstörung, Angst oder Lebensunlust – wie psychische Symptome entstehen können

Für psychische Krankheitssymptome wie Schlafstörung, Angst, Depression oder emotionale Instabilität gibt es mehrere Erklärungsansätze. Moderne und von den Naturwissenschaften gestützte Modelle gehen von einer Fehlfunktion in einem der neuronalen Transmittersysteme aus, in dem der Spiegel von Botenstoffen wie Dopamin, Serotonin oder Noradrenalin zu hoch oder zu niedrig sein kann. Akademisches Denken soll aber nicht dazu verleiten, voreilig Schlüsse zu ziehen. So wertvoll die Hirnforschung ist, so sehr wird ihre Aussagekraft über das Sein des Menschen überschätzt. Neuroradiologie, Neurobiologie und Psychopathologie sind ganz wichtige Vorstufen, um das System in seiner Art überhaupt erkennen und beschreiben zu können. Wollen wir aber darüber hinaus eine Ahnung von den Zusammenhängen bekommen, brauchen wir dazu die philosophischen Methoden des Erkennens, da kein Mensch derzeit in der naturwissenschaftlichen Sprache sagen kann, wie ein Symptom ursächlich entsteht.

Natürlich basiert jedes Erkennen, jedes Fühlen auf einem neuronalen Vorgang. Und natürlich ruht der letzte gemeinsame Nenner psychischer Prozesse auf biologischer Ebene. Wollen wir uns aber die Frage stellen, wie ein Symptom überhaupt entsteht, gehen wir einfach eine Beschreibungsebene höher. Nehmen wir an, ein Mensch erlebt Symptome wie gedrückte Stimmungslage, Verzagtheit und Hoffnungslosigkeit. Was geht da vor sich? In der Seele des Menschen liegen in seinem Selbst zwei unterschiedliche Bilder seines Seins. Da ist zum einen sein wahrgenommenes Selbst. Zum anderen ist in dem Menschen ein Bild von seinem Selbstideal angelegt. Entwickelt der Mensch ein Symptom, erlebt er eine Abweichung zwischen seinem wahrgenommenen Selbst und seinem Selbstideal. Die beiden Bilder treffen im Vorbewusstsein des Menschen aufeinander, es entsteht eine Reibung zwischen ihnen. Die Energie, die dabei entsteht, muss irgendwie aus dem System Mensch abgeführt werden. Das ist ein ähnlicher Prozess, wie wenn zwei Kontinentalplatten aufeinanderstoßen. Auch das führt zu Reibung, in der Energie entsteht, die dann in Form eines Erdbebens zutage tritt. Natürlich muss die Energie auch im Menschen abgeführt werden. Die abgeführte Energie aus der Reibungskraft zwischen dem wahrgenommenen Selbst und dem Selbstideal äußert sich in den entstehenden Symptomen.

Die Kräfte, die bei der Entstehung von Symptomen aufeinandertreffen, sind erstens die Kraft der Wahrnehmung des Menschen in seinem aktuellen Ich und zweitens die Kraft, die durch das Grundpotenzial, den Traum des Menschen von seinem gelingenden Selbst, wirkt. Der Mensch erlebt unbewusst, dass die beiden Kräfte nicht vereinbar sind, nicht tendenziell einem gemeinsamen Werdeziel entgegenstreben. Ein Symptom entsteht also, wenn die aktuelle Ichform die Möglichkeit des Lebens im Traum vom gelingenden Selbst nicht wahrnehmen kann, also für Anfragen des Grundpotenzials nicht ansprechbar ist, und die aktuelle Ichform noch über kein

Werkzeug zur Erweiterung ihres Bezugsrahmens, das reflexive Bewusstsein, verfügt. Damit ist ein Symptom ein unbewusster Hinweis auf die Existenz des Grundpotenzials. Es ist ein Hinweisschild, das anzeigt, dass die Richtung des Lebensweges noch an ein anderes Werdeziel heranführen kann – sofern die aktuelle Ichform diese Erkenntnis zulässt.

Jeder Mensch entwickelt dabei jene Symptome, die ihm am ehesten entsprechen. Abhängig von der Charakterstruktur des Menschen nimmt die Energie die Kanäle, die in dem Menschen während seiner sozialen Einbettung und gesellschaftlichen Codierung angelegt wurden. Bei dem einen führen sie zu Verfall, er fühlt sich wie lebendig tot, das kann bis zur Umwandlung der Energie in den Kraftaufwand der Selbsttötung gehen. Bei dem anderen führen sie zu emotionaler Instabilität, bei wieder einem anderen Menschen zur Auflösung der Ichidentität in einer Psychose. Sämtliche Zivilisationskrankheiten wie koronare Herzkrankheit, Bluthochdruck, Adipositas mit Typ-II-Diabetes, Asthma bronchiale, Reizdarmsyndrom, Verspannungszustände mit Kopfschmerz oder Rückenleiden sind auch Ausdruck einer nicht gelingenden Energieableitung. Die Reibung wird anstelle eines seelischen Kanals über ein Körperorgan abgeführt. Besitzt das Ich auch reife Anteile, werden die Energieableitungen nicht einen derart dramatischen Kanal wählen. Dann kommen Symptome wie Unzufriedenheit, Lebensunlust, Schlafstörung oder Angst zustande.

## Die Energie für ein gelingendes Leben nutzen

Wesentlich ist, die entstehende Energie in gesunde, dem Leben dienliche Kanäle zu lenken. Die gesunde Ableitung ist nämlich auch möglich, nämlich dann, wenn wir in Kontakt mit uns selbst treten, wenn wir uns der unterschiedlich wirkenden Kräfte bewusst werden. Dann muss die Energie nicht mehr über einen unbewussten Kanal abgeleitet werden. Die Methode dafür ist, das Ich und das Selbst in einen inneren Dialog treten zu lassen. So können wir das wahrgenommene Selbst und das Selbstideal erkennen, klar benennen und nicht nur unbewusst fühlen.

Erkennen wir Abweichungen zwischen dem Selbstideal und dem wahrgenommenen Selbst, ist die zentrale Frage: Was brauchen wir, damit die beiden Bilder einem gemeinsamen Ziel, eben dem Traum vom gelingenden Selbst, entgegenstreben, obwohl sie von unterschiedlichen Ausgangspunkten ausgehen? So wird die entstehende Energie an der Reibungsfläche der beiden Bilder für einen dem Leben dienlichen, kreativen Prozess eingesetzt. Das Selbstideal wird in diesem Prozess aus seinem unbewussten Dornröschenschlaf geweckt und in den bewusst erarbeiteten Traum vom gelingenden Selbst gewandelt, der dann das verbindende Glied zwischen dem wahrgenommenen Selbst und dem Selbstideal ist. Wir erleben so eine Kohärenz, ein Zusammenpassen, obwohl wir unterschiedliche Bilder in uns tragen. Wir erkennen also, es liegt nur an uns, wie wir mit unseren seelischen Mitteln umgehen, um uns dem gewünschten Ziel, dem Traum vom gelingenden Selbst, zu nähern. Gleichzeitig sind wir gesellschaftlich eingebettet in eine Kultur, in der der bewussten Entwicklung des Selbst sehr wenig Raum und Zeit gewährt wird. Sich dem zu fügen, fällt uns augenscheinlich leichter, als die Absicht für ein selbstbestimmtes Leben zu bilden. So hetzen wir vom Kindergarten in die Schule, von der Schule zur Uni oder in den Beruf. Dann hetzen wir weiter von der Arbeit zu den Kindern und im Beruf von einer Position zur nächsten, von einem Partner zum nächsten, von einem Fernsehsender zum nächsten. Bis zum Sarg. Wir leben ständig in der fremdbestimmten Zukunft. Klar, dass das der Seele nicht guttut, sobald man sich Zeit nimmt, darüber nachzudenken. Diese Zeit sollten wir uns aber wert sein, wollen wir Gesundheit erleben und nicht gänzlich dem Diktat unserer Zeit ausgeliefert sein. Denn Bilanzen haben keine Depressionen. Menschen schon. Und wir wissen nun schon eines: Wir haben die Wahl, wir können unser Leben bestimmen und in die Richtung lenken, die uns entspricht. Auch wenn die Umstände scheinbar dagegensprechen.

# WIRTSCHAFTLICH EIN SELBST-BESTIMMTES LEBEN FÜHREN

## Das Diktat des Homo oeconomicus als Bildungsideal

Die Zwickmühle des Lebens besteht in dem Wunsch, das eigene Selbst entwickeln zu wollen, und dem gesellschaftlichen Wunsch, dass der Mensch ein gut funktionierendes Wesen ist und nicht stört.

## Die krank machende Arbeitswelt

Wie viele Stunden, Abende und Wochenenden verbringen wir vor dem Fernseher? Es sind zu viele. Wir freuen uns, wenn ein Championspiel oder ein anderes Spektakel im Fernsehen zu sehen ist. Gegen Ende des Spiels werden wir richtig traurig, dass die ablenkende Unterhaltung vorbei ist und wieder das graue Leben beginnt. Wird es zu schwer, helfen ein paar Flaschen Bier oder Wein.

Die Zwickmühle des Lebens besteht in dem Wunsch, das eigene Selbst entwickeln zu wollen, und dem gesellschaftlichen Wunsch, dass der Mensch ein gut funktionierendes Wesen ist und nicht stört. Damit diese Auseinandersetzungen nicht zu heftig werden, lässt man sich gerne von Drogen wie Fernsehen, Bier und Sportveranstaltungen einschläfern. Besonders die Arbeit ist ein systemstabilisierender Faktor. Dabei wird so viel Lebenskraft abgezogen, dass am Abend nur noch Platz für diese einschläfernden Drogen ist. Ein anderer Faktor ist das dogmatische Glaubensverständnis. Von klein auf lernen wir den Spruch: „Durch meine Schuld, durch meine Schuld, durch meine große Schuld, darum bitten wir, Herr Jesus Christus, schau nicht auf unsere Sünden." In unserem Softwareprogramm wird Schuldhaftigkeit angelegt, obwohl wir gar nichts getan haben. Ein weiteres Schüren von Angst und Bedrohung findet in der täglichen politischen Diskussion statt. Wir dürfen nicht zur Ruhe kommen, nicht im Frieden mit uns leben, sondern sollen ständig wie der Hamster im Rad weiterlaufen. Das Ganze dient dazu, nicht aufrührerisch zu sein, nicht aufzustehen und zu sagen: „He, was ihr da gemacht habt, das will ich nicht ausbaden!“ Es dient dazu, in der gesellschaftlichen Mutterblase zu bleiben, kein gewachsenes Gefühl von Autonomie entwickeln zu können. Als Kinder des europäischen Humanismus und der Aufklärung wissen wir aber von den vor über zweihundert Jahren gelegten Grundfesten. Kant formulierte 1784: „Aufklärung ist der Ausgang des Menschen aus seiner selbst verschuldeten Unmündigkeit.“ Und fügte 1786 hinzu: „Die Maxime ist, jederzeit selbst zu denken.“ Interessant ist nun, wie sehr diese Sicht mit der konkreten Arbeits- und Gesellschaftssituation im Widerstreit steht. Je konkreter unsere Ziele der beruflichen und menschlichen Entfaltung werden, umso stärker wird meist der uns entgegengebrachte Widerstand.

Bei uns herrscht eine stark hierarchische Gesellschaft. Die Aufklärungsziele sind noch lange nicht angekommen. Soziale Mobilität läuft über den hierarchischen Weg, dessen oberste Prämisse Loyalität ist. Arbeit wird hierarchisch definiert. Es wird erwartet, dass der Arbeitnehmer die Arbeit erledigt. Die Entwicklungsziele des Arbeitnehmers, die Arbeit als Teil des Menschseins, stehen dabei nicht zur Diskussion. Die Wertehaltung, dass Arbeit als Zwang verstanden wird, ist in unseren Organisationen und im Gesellschaftsvertrag verankert. Diese Sicht steht im Widerspruch zur antiken ethischen Dimension der Arbeit. In der eudämonistischen Ethik als Lehre vom gelingenden Leben wird menschliches Handeln als Streben mit zweckrationaler Struktur verstanden. Je genauer jemand wusste, welchem Ziel und welchem Zweck das

Tun diente, umso besser wurde dies bewertet. Aristoteles definierte Arbeit mit Unabhängigkeit, Selbstbestimmung und Muße. Erst durch Adam Smith und Immanuel Kant wurde die Sicht, dass Arbeit auch der Entwicklung und Entfaltung des Menschen dienen muss, abgelegt. Smith beklagt nicht, dass Menschen Lohnarbeit verrichten, sondern hält das für eine Notwendigkeit. Bei Kant wird die Arbeit, die nicht den menschlichen Bedürfnissen entspricht, als Conditio humana beschrieben. Er sieht eine notwendige Einheit zwischen Zwang und Arbeit und macht sie in dieser Form zur Pflicht des Menschen. Als Motor dieser Entwicklung erkennt Kant die Vernunft, die den Menschen antreibt, die Mühen, die er hasst, geduldig auf sich zu nehmen. Die Selbstbeherrschung rückt ins Zentrum des Arbeitslebens, die entfremdete Arbeit ist geschaffen und legitimiert. Entsprechend diesen Formulierungen verhält sich der heutige Arbeitsmarkt. Die entfremdete Arbeit ist Teil unseres Lebens mit den Folgen des sinkenden Wohlbefindens und der Flucht ins Privatleben. Durch die sich ergebende Sättigung des geldwerten Vorteiles aus der geleisteten entfremdeten Arbeit kann der Einzelne das Joch der Arbeit für sich und seine Familie nicht mehr kompensieren. Die Gratifikationskrise, das Missverhältnis zwischen Leistung und Belohnung, entsteht.

Für die psychische Gesundheit in der Arbeitswelt sind vor allem drei Faktoren verantwortlich: die Gesellschaft (was im Gesellschaftsvertrag unter Arbeit verstanden wird), das Unternehmen (die Sicht der Organisation und der Unternehmensführung) und der Arbeitnehmer selbst. Der willigste Mitarbeiter zerbricht aber unter den starren Organisationserwartungen, wenn der Freiraum zur Entwicklung des Selbst nicht gewährt wird. Die Stufe davor ist das Aufgeben persönlicher beruflicher Ziele zugunsten der Organisation.

## Der nächste große Wachstumszyklus

Das Einbeziehen des Wesens des Menschen in jede akademische Disziplin ist wichtig, um die Gesamtwirkung des jeweiligen Faches auf die gesund bzw. krank machende Ausprägung einer Gesellschaftsform bewusst zu machen. Diese Sicht bekommt durch die ökonomische Langwellentheorie Rückenwind. Sie besagt, dass wirtschaftliche Zyklen kurz-, mittel- und langfristig sind. Große wirtschaftliche Bewegungen werden von Langwellenzyklen bestimmt.

In der ökonomischen Langwellentheorie wird die Annahme vertreten, der nächste große Wachstumszyklus wird Gesundheit sein. Man nennt das den 6. Kondratieff, so benannt nach dem Entdecker der langen Zyklen, Nikolai Kondratieff. Dabei handelt es sich um Entwicklungen in der Biotechnologie, aber vor allem um Entwicklungen im psychosozialen Bereich. Es wird die These vertreten, künftiger wirtschaftlicher Aufschwung hänge davon ab, in welchem Ausmaß eine Gesellschaft psychosoziale Fähigkeiten und menschliche Gesundheit produzieren und kultivieren kann. Psychosoziale Fähigkeiten umfassen Verhaltensweisen, die auf dem Wesen des Menschen, der nach gelingenden Beziehungen und seelischer Gesundheit strebt, beruhen. Im Grunde handelt es sich dabei nur um die Fortsetzung der Arbeiten von Alfred Adler, Erich Fromm und all den anderen, indem die Wissenschaften vom Menschen mit der Ökonomie in einem neuen Fach, vielleicht mit dem Namen Humanomics, vereinigt werden.

Die großen psychosozialen Innovationen liegen dabei in folgenden Bereichen: Bewegung in das Heer von Arbeitskräften zu bringen, die innerlich gekündigt haben, das Heer von Arbeitslosen zu mobilisieren, Krankenständen und vorzeitigen Pensionierungen vorzubeugen. Diejenigen Gesellschaften, die das schaffen, werden eine sichere wohlfahrtstaatliche Zukunft haben. Ein Ansatz dafür ist die Aktivierung von Menschen zu Eigenverantwortlichkeit und Selbstbestimmung. Dieser sozialpolitische Ansatz steht aber im krassen Widerspruch zu der Tatsache, wie Arbeit im konkreten Leben verstanden wird. So erfolgt Verunsicherung, es gibt keine eindeutige Handlungsanleitung für ein gelingendes Arbeitsleben. Die gesellschaftspolitische Aufforderung nach Eigenverantwortlichkeit und Selbstbestimmung ist das eine Ende, die entfremdete Arbeit das andere Ende von Verhaltensanforderungen am Arbeitsmarkt. Dieser Spagat ist nicht zu machen. Es wird sich das Arbeitsverständnis großer Organisationen wieder für den Menschen als Arbeitnehmer interessieren müssen, wenn Übereinstimmung mit gesellschaftlichen Problemlösungsstrategien wie Selbstbestimmung und Eigenverantwortlichkeit erzielt werden soll.

Offensichtlich ist auch, dass bestehende Organisationen das Angebot an Arbeitskräften nicht aufnehmen können. Aus diesem Grund werden Menschen aktiviert, selbstständig zu werden. Diese Selbstständigkeit erfolgt oftmals nicht aus innerem Wunsch, sondern aufgrund von Arbeitskräfteabbau und Arbeitslosigkeit. Die Entwicklung hin zu ökonomisch unabhängigen Menschen ist ein humanistisches Freiheitsziel. Ein Arbeitsplatz ist nicht mehr sicher. Es ist deshalb nur klug, wenn Arbeitnehmer die Anforderungen des freien Marktes zu erfüllen lernen. Dieses Ziel steht aber im krassen Widerspruch zur beruflichen Entwicklungsfähigkeit in unseren Organisationen.

Welches Fazit können wir aus all dem ableiten? Arbeit als Zwang ist keine Conditio humana, sondern ein zeitlich begrenztes gesellschaftliches Verständnis. Arbeit, die nicht der persönlichen Entwicklung dient, ist entfremdende Arbeit. Entfremdung bedeutet nicht zur Person gehörig. Sie ist keine natürliche Notwendigkeit, sondern derzeitiges kulturelles Ergebnis. Organisationen sind hierarchisch. Das leitet sich noch von der Übernahme militärischer Modelle auf die Unternehmensführung ab. Die Stellung definiert die Person, ihre Freiheitsgrade und die inhaltliche Beurteilung. Hierarchische Organisationsformen sind für mangelorientierte Menschen gemacht, die Angst haben, etwas zu verlieren, oder Arbeit als ökonomische Notwendigkeit brauchen. Menschen, die versuchen, sie selbst zu sein, die den Weg der Entwicklung als das Wichtigste erkennen, sind wachstumsorientiert. Entfremdete Arbeit kann nur mit mangelorientierten

Menschen erfolgen. Hierarchische Organisationsformen benötigen diesen Typus und belohnen ihn. Modernes Management, das Arbeitnehmern Raum zur Entwicklung und Entfaltung bietet, ist in vielen Organisationen noch nicht angekommen.

Der Grund, warum viele Menschen diese geschilderte Sichtweise nicht annehmen können, ist ganz einfach. Jugend, Karriere, sozialer Status, finanzielle Abhängigkeit und vor allem „Gutseinwollen" sind trügerische Fallen, die vom Bild der Psyche, was diese braucht, um gesund sein zu können, leicht ablenken. Die Katastrophe entsteht, wenn abhängige Erwerbsarbeit zur Natur des Menschseins erhoben wird und als einzige Quelle der Identität dient. Die Frage ist: Wie kann man ein sinnvolles Leben führen, wenn das Diktat unserer Zeit mit all den damit verbundenen Außenzwängen so stark ist, dass sie der Entfaltung des Selbst gar keinen Raum mehr lässt?

## Homo oeconomicus als Bildungsideal

Das Diktat unserer Zeit mit all den damit verbundenen Außenzwängen ist der Ökonomismus. Das war ein Grund, weshalb ich als Arzt Wirtschaft studiert habe. Ich wollte die Sprache der Lebensform, die die Gesellschaft bestimmt, sprechen lernen. Als Vertreter des Sozialliberalismus bin ich ein Anhänger der besonnen regulierten Marktwirtschaft. Grenze mich dabei aber von der Form des sogenannten Neoliberalismus, der auf die Reinform des Kapitalismus abzielt, klar ab. Wobei das Wort

Neoliberalismus ursprünglich nichts Schlechtes besagte, sondern nur Reformfreudigkeit bedeutete. Ich verstehe mich als Anwalt nicht mächtiger Menschen und es macht mich traurig, dass der Sieg des Liberalismus 1989 gegen den Kommunismus gegenwärtig so wenig geschätzt wird. Vielmehr habe ich Angst, der Wert des Liberalismus könnte der Kraft des Kapitalismus unterliegen. Leider wird Liberalismus oft mit Kapitalismus verwechselt, obwohl klare Unterschiede bestehen. Der Liberalismus bezieht seinen Wert aus der Sorge um die Entwicklung des Menschen. Der Kapitalismus hingegen aus der Sorge um Eigentum. Das ist ein großer Unterschied.

Im Laufe der Zeit wurde durch das Diktat der Ökonomie die Überzeugung immer stärker zu untermauern versucht, der Mensch sei ein ökonomisches Wesen. Dabei wurde die Beschreibung des Menschen in seiner gelingenden Form am freien Markt als das Menschsein an sich missverstanden. Und das ist ein großer Fehler. Die Beschreibung des Menschen als Homo oeconomicus ist nicht die Beschreibung des Menschen an sich, sondern nur ein Bildungsideal, wie sich ein Mensch gelingend im freien Markt verhält. Diese Vorgehensweise ist ein immer wiederkehrendes Muster. Es wird dabei das Bildungsideal des jeweiligen Diktates der Zeit als der Kern des Menschseins verkauft. Das geschieht immer dann, wenn die Macht ausreicht, um andere Bildungsideale zu unterdrücken. Alle Einsichten sind aber nur Annäherungen an das Leben, aber nie das Leben selbst. Gepaart mit Macht, werden Einsichten zu Dogmen erhoben und in der gesellschaftlichen Codierung dem Menschen aufgedrängt, sodass dieser sich von seinem Menschsein entfernt und entfremdet.

Im Mittelalter verhielt sich die katholische Kirche so wie heute andere kämpferische Religionen oder der Kapitalismus. Man muss nur daran denken, dass mehr als die Hälfte des weltweiten Kapitals im Eigentum von weniger als sechs Millionen Menschen sind. Und diese finanzieren mit ihrer Sicht des Lebens Bildungsstätten, Universitäten, Meinungsmacher, Politiker. Genauso, wie die katholische Kirche im Mittelalter weit von dem entfernt war, was Jesus gepredigt hatte, sind die Vertreter des Kapitalismus weit von der Idee einer freien und zugleich gerechten Marktwirtschaft entfernt. Nur selten geht es um das Wohl der Menschen. Nicht genug kann man sich an Karl Popper orientieren, der in seinem Werk „Die offene Gesellschaft und ihre Feinde" darüber schreibt. Oder den Ökonomen Amartyra Sen, der eine Ökonomie für den Menschen entwickelt hat. Oder Jesus, der sagte: „Nehmt euch in acht vor den Menschen in langen Gewändern, seid wachsam!"

Die Zivilisation ist ein dünnes Häutchen, das dem Menschen sein Menschsein gewährt. Arbeiten wir mit, das Häutchen der Zivilisation zu nähren. Die Schlagrichtung einer gesunden Gesellschaft ist sonnenklar, den Humanismus gibt es ja nicht erst seit gestern. Warum kann sich dieser gesellschaftliche Zugang also nicht durchsetzen? Es kann nicht behauptet werden, unsere Kultur hätte kein Bild einer gelingenden Gesellschaft entwickelt. Im Gegenteil, die Bauteile dafür liegen da.

Nur werden sie wenig oder nicht genutzt. Stattdessen wird über technologischen Fortschritt gejubelt, als ob wir das alles für ein gelingendes Leben bräuchten.

## Der soziale Kitt

Ist das eigene Leben ein riskantes Unterfangen und bündelt sich diese Art des Lebenszuganges in einer großen Menge von Menschen, dann ist die Gesellschaft als Ganzes ein riskantes Unterfangen. Ich kenne viele Menschen, denen ihr Lebensentwurf nicht klar ist. Sie konzentrieren sich auf ihre Arbeit, sehen darin die Lösung der Lebensherausforderung und verfolgen nur die Partikularinteressen ihrer Arbeitsaufgabe, da sie darin ihre Lebenssicherung sehen. Da ist nichts Schlechtes dabei. Im Gegenteil. Ein Arbeitgeber muss sich darauf verlassen können, dass die Aufgaben, die in der Stellenbeschreibung formuliert sind, bestens ausgeführt werden. Sonst bricht das System Unternehmen oder Institution auseinander. Die einzige Aufgabe als Arbeitnehmer ist somit aber, die Ziele des Arbeitgebers zu erfüllen, egal ob das im Einklang mit übergeordneten gesellschaftlichen Werten steht oder nicht. Somit erfüllt jeder Einzelne Aufgaben, die in ihrer Gesamtheit keinen zusammenhängenden, großen Wert ergeben. Den einzelnen Arbeiten fehlt der soziale Kitt. Deshalb driften sie immer weiter auseinander.

Die zusammenführende, klärende Instanz der unterschiedlichen Arbeitsleistungen sollte eigentlich das Staatsgebilde sein, das aber seine sichernde, das Leben stabilisierende Rolle abgibt und dem Einzelnen wieder in den Schoß legt. Das Staatsgebilde vertritt mehrheitlich die Interessen der mächtigen Institutionen und nicht notwendigerweise der Menschen. Aber die erbrachten Leistungen müssen den Menschen in ihrem Leben als Lebenssicherheit und Lebenszufriedenheit zurückgegeben werden. Geschieht dies nicht, entsteht Folgendes: Die Fragilität der individuellen Lebensentwürfe spiegelt sich in ihrer Gesamtheit in der Fragilität der Gesellschaft. Das ist der Ursprung des Risikos, das wir heute empfinden. Die Klimaerwärmung, die Schuldenkrisen oder die atomare Gefahr sind nur Auswirkungen der Arbeit und Handlungsweisen von Menschen, die ihr eigenes Leben auf nicht absehbaren Risiken aufbauen. Dazu gehört das Brechen sozialer Bindungen genauso wie das Eingehen finanzieller Schuld oder die Mitgliedschaft bei falschen Institutionen, um einen persönlichen Vorteil zu haben. So wird das nicht absehbare Risiko als ein zum Leben gehörender Teil verinnerlicht.

Mein Vater hatte eine Firma für Hoch- und Tiefbau. Ich erinnere mich, als Kind auf dem Weg in die Schule in einer einzigen Abgaswolke gestanden zu haben. Na klar, wenn da zehn oder zwanzig Lkws starten. Mein Vater hat auch gespürt, das ist nicht gut, aber was sollte er machen? Und so geht es jedem von uns: Wir machen, was wir machen müssen, weil wir nicht mehr anders können. Die Aufgabe am Kapitalmarkt ist, einen Käufer zu finden, der bereit ist, mehr zu bezahlen, als man selbst bezahlt hat. Man schließt das Geschäft ab, egal, ob der Wert für den Preis stimmt oder nicht. Denn die Verpflichtung besteht gegenüber dem Arbeitgeber, und der steht einem näher als der Käufer. Der Bauer im Süden sagt: „Ich kann nichts dafür, wenn die Kälber vierzig Stunden im Lkw sind. Ich bin meiner Familie und den Arbeitnehmern verpflichtet, gute Geschäfte zu machen."

Doch ohne sozialen Kitt gibt es keine stabile Lebensform. Das gilt für unsere Familien genauso wie für unsere Arbeitgeber oder für das gesellschaftliche Gebilde, in dem wir uns bewegen. Ohne sozialen Kitt sind es Systeme mit Ablaufdatum. Oder sie brauchen enormen Kapitalaufwand, um lebensfähig zu bleiben, damit die Entlohnung die nicht befriedigten menschlichen Bedürfnisse ausgleicht. Was wir brauchen, sind gemeinsame Ziele und gemeinsame Werte, für die wir bereit sind zu leben. Sie geben uns das Gefühl der Zugehörigkeit und Sicherheit. Daraus entsteht der soziale Kitt. Die gemeinsamen Ziele und gemeinsamen Werte leiten sich aus dem Wesen des Menschseins ab, der Liebe, dem Wunsch nach Kooperation, dem Bedürfnis nach Zugehörigkeit und Angenommensein, nach Offenheit und Ehrlichkeit. Sind diese Werte in uns angelegt, dann sind wir nicht mehr bereit, andere Menschen und andere Lebewesen zu opfern. Dadurch wird dem Leben sein nicht absehbares Risiko genommen. Die normalen Lebensrisiken, wie Krankheit oder Unglück, reichen dann schon aus. Zu mehr sind wir aber nicht bereit. Und das ist gut so.

Erfolgreiche Unternehmer sind nicht dumm, von denen können wir lernen. In Stanford haben wir von den weltbesten Unternehmern als Erstes gelernt: Risiken, die die Existenz bedrohen, gehen nur die Dummen ein.

Und dumm wollen auch wir nicht sein. Also ist es nur klug, einen risikominimierenden Weg einzuschlagen, wenn das Leben als Gefahr erlebt wird. Der risikominimierende Weg ist die Besinnung auf das, was wir sind: Menschen, die umso freier und gesünder sind, je verbundener sie mit den Menschen in ihrer Umgebung und der Natur sind. Die Grundbedingungen des Menschen für ein gelingendes Leben haben wenig mit technischem Fortschritt zu tun. Da sind wir vielmehr wieder bei ganz einfachen, lebensnahen Themen wie Liebe, Zugehörigkeit, Verbundenheit, Wohlwollen und dem Bemühen um gemeinsames, menschliches Wachstum. All das, was den sozialen Kitt ausmacht. Je mehr dieser abnimmt, umso häufiger entstehen psychische Störungen.

Vielleicht können wir es somit als Chance sehen, dass 2020 psychische Störungen die Hauptkrankheitsursache in westlichen Industrienationen sein werden. Spätestens da müsste ein Ruck durch die Gesellschaften gehen, um sich vom Diktat der Macht „Nutze dein Leben zur beruflichen Optimierung!" zu befreien. Wir können uns aber auch schon vorher fragen, ob wir da noch mitmachen wollen oder ob wir unsere Zeit dem persönlichen Werdeziel widmen wollen, um dann über unseren persönlichen Rubikon auf unserer Lebenskarte zu gehen.

## Über den Rubikon: vom Denken zum Handeln

Die Philosophie ist der Psychotherapie sehr nahe. Die Psychotherapie führt die schwebenden Gedanken der Philosophie in das konkrete Leben, macht die schwebenden Gedanken im Leben umsetzbar. Das Wissen um etwas führt noch lange nicht dazu, dass dieses Wissen Schritt für Schritt im Alltag umgesetzt wird. Heinz von Foerster, ein von mir geschätzter Kybernetiker und Philosoph, sagt dazu den zentralen Satz: „Wer verstehen will, muss lernen zu handeln."

Südlich von Ravenna gab es zu der Zeit von Julius Cäsar einen Fluss mit dem Namen Rubikon. Er ist durch den Spruch „Alea iacta est", die Würfel sind gefallen, berühmt geworden. Julius Cäsar stand viele Tage und Nächte auf einer Seite des Rubikons. Er befand sich, psychologisch formuliert, in der motivationalen Ebene. Er überlegte, prüfte und überlegte wieder. Dann kam sein Entschluss. Die Würfel sind gefallen. Er sagte: „Wir gehen über den Rubikon." Diese Metapher gilt in der Psychotherapie als das Rubikonmodell und bezeichnet den Übergang vom Denken zum Handeln. Das ist, was die Psychotherapie im Verhältnis zur Philosophie ist: der Übergang vom Denken ins Handeln. Jedes Leben ist zunächst einmal eine in der Zukunft liegende Realität. Die Herausforderung ist, den Entschluss zu fassen: So, jetzt tue ich es, ich gehe meinen Weg über den Rubikon und bleibe mir treu. Das Denken wird zum Handeln. Das Einzige, was wir dabei machen, ist die in der Zukunft liegende Realität in die Gegenwart zu holen. Wir lassen das Tal der Fremdbestimmung aus der sozialen Einbettung und dem gesellschaftlichen Code hinter uns und gehen über den Rubikon in unser eigenes Tal der persönlichen Entwicklung. Für diese gelingende persönliche Entwicklung kann man zwei Wissenschaftsbereiche im eigenen Leben praktisch anwenden. Die eine ist die Psychotherapiewissenschaft. Werden deren Aussagen im Leben angewendet, steigt die Wahrscheinlichkeit, dass es besser funktioniert. Die andere Wissenschaft widmet sich dem Lebensthema Erwerbsfähigkeit und nennt sich Entrepreneurship.

## Entrepreneurship: ein wirtschaftlich selbstbestimmtes Leben führen

Hinter dem Begriff Entrepreneurship verbirgt sich nicht mehr und nicht weniger als die Lehre, selbstständig und unabhängig im freien Markt überleben zu können. Dieses Rüstzeug brauchen wir. Damit ist nicht gesagt, dass man nicht weiterhin in einem Unternehmen arbeitet. Im Gegenteil. Die Anwendung von Entrepreneurship macht den Arbeitnehmer für Unternehmen viel wertvoller. Darüber hinaus macht sie ihn unabhängig, weil er lernt, seine beruflichen Fähigkeiten über den Tellerrand des Unternehmens einzuschätzen und einen Plan für den Fall bereitzuhalten, sollte das Unternehmen nicht mehr in die persönliche Entwicklung passen, der Arbeitsplatz durch Kündigung verloren gehen, das Unternehmen verkauft oder zugesperrt werden.

1992 war ich Teil einer Arbeitsgruppe, die die erste Jungunternehmerstudie in Österreich gemacht hat. Die Studie wurde vom damaligen Generaldirektor der Raiffeisen-Zentralbank, Dr. Klaus Liebscher, präsentiert. Dr. Liebscher sagte im Gespräch, er habe niemals daran gedacht, Unternehmer zu werden, obwohl er von seiner Persönlichkeitsstruktur zutiefst als Unternehmer wirkt. Er ist zwar formell kein Unternehmer, hat aber von Unternehmertum und Entrepreneurship mehr verstanden als so mancher Unternehmer. Ein anderes Beispiel ist der frühere österreichische Bundeskanzler Dr. Franz Vranitzky. Auch er ist von seiner Persönlichkeitsstruktur her zutiefst unternehmerisch, obwohl er kein Unternehmer war. Es ist das Softwareprogramm Seele im Erwerbsleben, das uns zum Unternehmer macht, unabhängig davon, ob in der eigenen Firma als Entrepreneur oder als Arbeitnehmer-Entrepreneur.

Der Begriff Entrepreneurship kommt aus dem englischsprachigen Raum. Die Wortwurzel „entreprendre" stammt aber aus dem Französischen und bedeutet „etwas unternehmen" oder „in die eigenen Hände nehmen". Der deutschsprachige Raum wurde erst in den letzten zehn Jahren mit Lehrstühlen für Entrepreneurship besetzt. Davor standen Management und Administration, also Verwaltung, im Zentrum wirtschaftswissenschaftlicher Fakultäten. Unternehmertum wurde sträflich vernachlässigt.

Die Entwicklung lässt sich sehr gut an der Bedeutung der beiden Wirtschaftsbegriffe Management und Entrepreneurship ablesen. Bis vor wenigen Jahren stand der

Begriff Management im Zentrum der Aufmerksamkeit. Der Begriff kommt von dem lateinischen „manum agere“ und bedeutet „an der Hand nehmen“ oder „eine kleine Schar führen“. Heute steht der Begriff Entrepreneurship im Zentrum und richtet sich im Gegensatz dazu an die Person selbst und bedeutet so viel wie „einer, der etwas in die Hand nimmt“. Unternehmensführung ohne Management ist heutzutage undenkbar. Ähnlich wird es mit Entrepreneurship sein, dessen Inhalte integrale Bestandteile des Wirtschaftslebens werden. Die Person als Unternehmer wie auch der Unternehmensgründungsprozess stehen im Zentrum der Betrachtung. Eine Person erkennt eine unternehmerische Gelegenheit, evaluiert sie, das heißt prüft die Machbarkeit, und nutzt sie. In der weiteren Reifung des Unternehmens kommen dann die Fähigkeiten guten Managements zum Tragen. Entrepreneurship hat also viel mehr mit der psychologischen Dimension der Unternehmerperson zu tun, als dies beim Management bei der Person des Managers der Fall ist. Der Grund dafür ist ganz einfach: Die Grundsätze, Aufgaben und Handlungsweisen des Managements bauen auf Vernunft, Willen und Hierarchie auf. Anders bei Entrepreneurship. Hier steht eine innovative Idee am Beginn, die geistige Offenheit und Kreativität, also aktive seelische Arbeit, erfordert. Zu dieser Fähigkeit des Entrepreneurs gesellen sich Selbstvertrauen und die Bereitschaft, ein kalkuliertes Risiko einzugehen.

Entrepreneurship ist somit die Vermittlung der Grundlagen, um den geografischen Raum, innerhalb dessen ein Mensch Regeln bestimmen kann, in das Erwerbsleben hineinzutragen. Im gelingenden Lebenszyklus beginnt der geografische Raum im eigenen Zimmer, führt zur eigenen Wohnung, zur eigenen Arbeit, vielleicht zum eigenen Haus und zur eigenen Firma. Am Beginn dieser Entwicklung gewähren Eltern dem Kind in seinem Zimmer die äußere Freiheit, damit es sich auf die Entfaltung seiner inneren Freiheit konzentrieren kann. Entrepreneurship kann also nicht nur als die Gründung eines eigenen Unternehmens verstanden werden. Das ist viel zu kurz gefasst. So wird es an Unis gelehrt. Der Prozess, das eigene Leben in die Hand zu nehmen, beginnt viel früher. Im persönlichen Training und im wachsenden Bewusstsein, dass es einen Lebensraum gibt, innerhalb dessen ein Mensch seine Regeln festlegen kann, die Kontrolle hat und sich in seinem sozialen Umfeld sicher fühlt.

## Die Freiheit, zu wählen

Ein hohes menschliches Gut liegt in der Freiheit, zu wählen. Erst dann beginnt ein Mensch, menschenwürdig zu leben. Politisch wird in unserer Kultur jedem Menschen die Freiheit gewährt, zwischen unterschiedlichen politischen Parteien zu wählen. In der Politik haben wir ein demokratisches System. Wie verhält es sich aber im Wirtschaftlichen? Der Großteil der Menschen hat im Berufsleben nicht die freie Wahl, sondern ist auf einen Arbeitsplatz angewiesen. Ich sehe es als Fortschritt einer menschengerechten Entwicklung, wenn wir zumindest die Freiheit haben, zu wählen, ob wir unsere Arbeit an einen Arbeitgeber oder am freien Markt direkt verkaufen wollen. Um diese Freiheit zu haben, müssen wir aber die Spielregeln des freien Marktes kennen. Man kann auch nicht „Mensch, ärgere dich nicht" spielen, wenn man die Spielregeln nicht kennt. Natürlich kann man spielen, nur ist dann die Wahrscheinlichkeit, zu verlieren, sehr hoch. Genauso verstehe ich das Spiel am freien Markt. Man kann nicht verlieren, wenn man weiß, wie die Spielregeln lauten, seelisch und körperlich gesund ist und vor allem genügend Raum und Zeit hat, sich darauf vorzubereiten. Außer die Kapital- und menschlichen Einsätze sind so hoch, dass man nur mit dem Risiko der eigenen Existenz in das Spiel des freien Marktes eintreten kann. Das kann durchaus der Fall sein. Wird das Berufsleben als Gefahr erlebt, liegt das aber nicht an der Struktur des freien Marktes, sondern an der Festlegung der mächtigen Spieler, welchen Einsatz sie für das Mitspielen verlangen. Können wir den Einsatz auf den Tisch legen, haben wir die freie Wahl. Entweder wir verkaufen unsere Arbeit an einen Arbeitgeber oder direkt am freien Markt. Nach der politischen Demokratie folgt so die ökonomische Demokratie. Für mich liegt darin ein enormer menschlicher Wert. Um das erreichen zu können, brauchen wir zwei Fertigkeiten und eine Erkenntnis. Mehr ist es nicht. Dann haben wir die Wahl.

Erstens benötigen wir ein gutes seelisches Fundament, das wir bekommen, wenn wir uns mit Psychotherapie beschäftigen und dabei lernen, mit uns selbst in Kontakt zu treten. Das bedeutet nicht, eine Psychotherapie machen zu müssen, sondern nur die Offenheit der Auseinandersetzung zur Stärkung des Selbstwertes und des Selbstvertrauens, um den Traum vom gelingenden Selbst greifbar zu machen. Die zweite Fähigkeit, die wir brauchen, ist, die Spielregeln des freien Marktes zu verstehen. Und drittens braucht es die Erkenntnis, dass der richtige Ansprechpartner für unsere Sehnsucht, angenommen zu werden, nicht die Arbeitswelt ist. Es sind die offenen Rechnungen aus unserer Vergangenheit, die uns oft diesen Irrweg, an der falschen Stelle nach persönlicher Bestätigung und Zustimmung zu suchen, gehen lassen. Es braucht aber gar nicht so viel, um diese offenen Rechnungen der Vergangenheit loszuwerden.

# OFFENE RECHNUNGEN GEWINN-BRINGEND ABSCHREIBEN

## Die eigene Vergangenheit

Die Auseinandersetzung mit der Vergangenheit ist nur so lange notwendig, solange wir nicht bereit und fähig sind, die Vergangenheit ruhen zu lassen, weil noch offene Rechnungen zu begleichen sind.

## Offene Rechnungen: versöhnen oder abschreiben

Jedes Kind braucht Versöhnung. Gelingt die Versöhnung nicht zu Lebzeiten der Eltern, dann eben danach. Es muss aber eine Versöhnung mit dem Kind in uns stattfinden. Sonst bleiben wir ewig Getriebene. Wie kann man sich versöhnen? Ganz einfach. Das erwachsene Ich entwickelt gelingende väterliche und gelingende mütterliche Anteile in sich. Das klingt geschraubt und abstrakt, ist aber ganz einfach. Das Prinzip ist, dass ich als Erwachsener mir, dem Kind in mir, in einer wertschätzenden Tonlage sage: Ich bin bei dir, beschütze dich, liebe dich so, wie du bist, stehe hinter dir und halte dir den Rücken frei. Wird dieses kindliche Bedürfnis nach Angenommenwerden nicht erfüllt, entsteht in der Seele der Versuch, durch Umwege angenommen zu werden.

Der häufigste Versuch besteht darin, in der beruflichen Tätigkeit oder davor in der Schule oder an der Universität angenommen zu werden. Da es sich dabei um unterschiedliche Kontexte handelt – der Beruf ist nicht das Gleiche wie die elterliche Umgebung –, ist dieser Versuch zum Scheitern verurteilt. Das wird heute besonders drastisch sichtbar in der deutlichen Zunahme psychischer Störungen, die vorzugsweise auf die geänderten Bedingungen in der Berufswelt zurückgeführt werden. Das Übertragen von Erwartungen aus kindlichen Kontexten in die Arbeitswelt erzeugt ein Ungleichgewicht aus erbrachter Leistung und Belohnung, die sogenannte Gratifikationskrise. Die ersehnte Belohnung kann nur dann erfolgen, wenn der Arbeitgeber klug genug ist, um

zu verstehen, dass er elterliche Anteile in seine Belohnung integrieren muss. Dies sind Aussagen wie: Es ist schön, dass du da bist, ich gebe dir Sicherheit, du kannst dich auf mich verlassen. Ich stehe hinter dir und halte dir den Rücken frei. Der richtige Ansprechpartner für die Lösung des Ungleichgewichtes aus Leistung und Belohnung ist aber nicht die Arbeitswelt, sondern jeder Mensch selbst. Erkennt der Mensch dies nicht, wird er sein Leben lang an der falschen Stelle nach Bestätigung suchen. Früher oder später reicht die berufliche Leistung zur Bestätigung nicht aus, sodass die Lebenskrise beginnt.

Ein anderer Versuch, die fehlende Bestätigung zu erlangen, liegt in freundschaftlichen Beziehungen. Natürlich können auch Freunde nicht die ersehnte bedingungslose Liebe geben, die die menschliche Natur zur Entfaltung des Selbst braucht. Der Schlüssel liegt im Bewusstwerden des inneren Reichtums, sodass jeder für sich erkennt, was er braucht, um ein gesundes Selbst entwickeln zu können. In diesem Prozess können alle Hindernisse zur Entfaltung des Selbst aus dem Weg geräumt werden.

In dem Begriff „Sehnsucht nach Angenommenwerden" steckt das Wort Sucht. Es bedeutet, etwas tun zu müssen, obwohl man weiß, dass man sich dadurch nichts Gutes tut, dass man sich dadurch schadet. Eine seelenärztliche Umschreibung für Sucht ist „Selbstmord auf Raten". Das ist das Grausame, das so vielen Menschen widerfährt: die Aufopferung des eigenen Lebens in dem Wunsch, die ersehnte Liebe zu erhalten. Die Lösung liegt darin, dass wir lernen, uns diese Liebe selbst zu geben.

Gelingt das nicht, folgt die Sehnsucht, offene Rechnungen zu begleichen. In der Sehnsucht, offene Rechnungen zu begleichen, liegt die gefährliche Seite des Menschen. Auch in diesem Begriff steckt das Wort Sucht mit der gleichen Bedeutung wie zuvor beschrieben. Der Selbstmord auf Raten beschränkt sich dabei nicht auf die Zerstörung des eigenen Ich. Im Zentrum steht das Bedürfnis nach Gerechtigkeit, das Bedürfnis, die offenen Rechnungen beglichen zu bekommen, egal zu welchem Preis. Können offene Rechnungen nicht abgeschrieben werden, kann der Mensch also auf die offenen Rechnungen nicht verzichten, erwacht in ihm das Zerstörerische. Das Leben wird für ihn und die Menschen in seiner Umgebung ein riskantes Unterfangen.

Im Bereich der Wirtschaft ist das einfach nachzuvollziehen. Habe ich eine offene Rechnung mit jemandem und kann ich es mir finanziell leisten, dann habe ich die Wahl: Will ich auf die offene Rechnung verzichten, will ich sie abschreiben oder will ich die Klage für die offene Rechnung bei Gericht einreichen. Ich habe die Freiheit, zu entscheiden, und es können menschliche Werte in die Entscheidung einfließen, wie zum Beispiel die Frage: Ist es mir das überhaupt wert? Kann ich es mir finanziell aber nicht leisten, dann habe ich gar keine Wahl. Ich muss die Klage einreichen, auch wenn ich dadurch den Schuldner in Schwierigkeiten bringe oder mich auf einen Weg bringe, den ich eigentlich gar nicht gehen will. Im Seelischen ist das noch viel dramatischer. Ist die Fähigkeit, eine offene Rechnung abschreiben zu können, nicht ausreichend, ist das der Beginn zerstörerischen Verhaltens. Das zeigt sich im Verhalten zum Lebenspartner, zu den Kindern, den Eltern, in der Arbeit, am Kapitalmarkt, in der Gesellschaft.

## Mut, das eigene Leben in die Hand zu nehmen

Die Vergangenheit spielt aber nur so lange eine Rolle im Leben, solange wir ihr die Möglichkeit geben, sich immer wieder in den Vordergrund zu drängen, den Kopf immer wieder zu heben. Es braucht aber eigentlich nicht viel, um die Vergangenheit loszuwerden: Mut. Der Mensch braucht den Mut, das eigene Leben in die Hand zu nehmen. Ist der Mut nicht vorhanden, wird sich die Vergangenheit immer wieder zu Wort melden und das Leben verpfuschen. Die Vergangenheit verhält sich wie die neunköpfige Schlange Hydra in der griechischen Mythologie. Man glaubt, sie besiegt zu haben, und plötzlich tritt sie wieder ins Leben. Das ist das Zermürbende. Der neunköpfigen Schlange müssen alle neun Köpfe abgeschlagen werden, damit sie keinen Kopf mehr heben kann. So verhält sich die seelische Reifung in einem immer wiederkehrenden Bemühen um das eigene Selbst. In der Physik ist es nicht anders. Systeme, denen nicht ständig Energie zugeführt wird, verfallen in ein immer größeres Maß an Entropie, an Unordnung. Achten wir nicht auf uns selbst, führen wir nicht täglich Energie zu, verfallen wir der Hydra. Die Auseinandersetzung mit der Vergangenheit ist also nur so lange notwendig, solange wir nicht bereit und fähig sind, die Vergangenheit ruhen zu lassen, weil noch offene Rechnungen zu begleichen sind. Dabei handelt es sich um offene Rechnungen in Form von Ungerechtigkeit, Demütigung und was das Leben an Grauslichem halt so spielt. Diese offenen Rechnungen treiben uns immer wieder in die Vergangenheit, obwohl mehr als ungewiss ist, ob wir sie jemals beglichen bekommen. Darum ist es klug, die offenen Rechnungen abzuschreiben und einfach nach vorne zu gehen. Das ist phasenweise ein schmerzhafter Prozess, aber der richtige. So gesehen ist die ganze Analyse der Vergangenheit eigentlich nicht notwendig. Aber eben nur eigentlich, weil wir Menschen oft lange Zeit brauchen, um die offenen Rechnungen aus der Vergangenheit ruhen lassen zu können.

Es ist wichtig, dass wir das wissen, um Geduld mit uns zu haben und Schritt halten zu können. Eine seelenärztliche Einsicht dabei ist, dass wir umso schneller sind, je langsamer wir sind. Dadurch ist die Chance gegeben, dass sich das Denken mit dem Fühlen abgleicht. Ein Fortschritt, der sich in Gedanken vollzieht, ohne dass der Fortschritt im Körper erlebbar wird, wird nicht von langer Dauer sein. Aber auch das gehört dazu, denn Rückschläge sind so sicher wie der Weg nach vorne. Es ist ein ständiges Abwechseln, bei welchem die rückwärtsgerichteten Schritte immer weniger werden, bis sie völlig aufhören. Dann beginnt der Weg im Leben ohne angezogene Handbremse.

# DAS GELINGENDE MUSTER IM BEZIEHUNGS-LEBEN ERKENNEN

## Die Kunst des gemeinsamen Wachstums

**Das gelingende Muster für das Zusammenleben von Menschen ist die Kunst des gemeinsamen Wachstums. Das gilt für jede Form der menschlichen Beziehung.**

## Frühe Prägungen stehen uns oft im Weg

Jedes soziale System, ein Paar, eine Familie, eine Großfamilie, eine Gemeinde oder ein Staat, ist in seinem Gelingen auf die Kunst des gemeinsamen Wachstums angewiesen. Das Muster ist im Großen wie im Kleinen gleich. So wie wir im Kleinen miteinander umgehen, gehen wir im Großen miteinander um. Ist Platz für Unehrlichkeit in der Familie, dann ist Unehrlichkeit das dominierende Muster im Großen, in der Gesellschaft. Das gelingende Muster für das Zusammenleben von Menschen ist die Kunst des gemeinsamen Wachstums. Das gilt für jede Form der menschlichen Beziehung. Und diese Kunst beginnt bei der Ehrlichkeit. Dabei gibt es keinen Anspruch auf Wahrheit. Denn treffen Menschen aufeinander, treffen immer auch unterschiedliche seelische Softwareprogramme aufeinander und damit treten die in den Menschen festgelegten Prägungen aus der Lebensgeschichte in Kontakt.

Sex ist für eine Beziehung eine wichtige Sache. Das Schöne daran ist das Gefühl der Verbundenheit, das Einswerden. Die Liebe zeigt ihr schönstes Gesicht, wenn neben der körperlichen auch die seelische Vereinigung gelingt. Zu Beginn einer Beziehung hat Sex die Funktion, den Weg zur Liebe zu ebnen und einen Partner zu finden. Für die körperliche Vereinigung müssen wir nicht wirklich viel tun, die gelingt uns dank der Hormone recht leicht. Der nächste Schritt, die seelische Vereinigung, erfordert dann aber schon sehr viel mehr Arbeit. Das geht nicht von selbst. Hat man aber einmal einen seelischen

Gleichklang erreicht, kann man eine Beziehung über viele, viele Jahre gestalten. Das heißt nicht, dass es in der Beziehung nicht drunter und drüber geht. Das gehört dazu. Die seelische Vereinigung führt aber über kurz oder lang wieder zusammen.

Wie erreicht man nun den seelischen Gleichklang und was steht uns dabei im Weg? Erinnern wir uns kurz an die Art und Weise, wie wir Informationen verarbeiten. Wir begegnen einander im Verhalten und in der Sprache des Ich, der aktuellen Gestalt unseres Selbst. Wenn wir miteinander reden oder etwas gemeinsam tun, laufen das Verhalten und die Sprache des eigenen Ich und des Ich des Partners automatisch ab. In unserer Prägung ist die Art und Weise festgelegt, wie wir Information verarbeiten. Die Informationsverarbeitung passiert im Selbst, das quasi hinter dem Ich sitzt. Wie beschrieben, verwenden wir in den Psychotherapiewissenschaften dafür den Begriff „persönliches Referenzmodell". Kommen neue Informationen hinzu, werden sie mit dem persönlichen Referenzmodell abgeglichen. Damit wird ausgedrückt, dass wir immer wieder auf unsere Erfahrungen von früher zurückgreifen, um neue Informationen einzuordnen und zu bewerten. Diese automatisierte Informationsverarbeitung im persönlichen Referenzmodell führt oft zu den immer gleichen Engpässen und Fehlinterpretationen, wie folgendes Beispiel zeigt:

Ein Mann reagiert wie vor 20 Jahren, seine Frau reagiert wie vor 20 Jahren. Es entsteht ein Streit, obwohl sie sich als Menschen nahestehen. Sie sind dann beide ratlos und kennen sich nicht mehr aus. Warum? Es sind nicht die beiden Menschen, die in Kontakt treten. Es treten die in den Menschen festgelegten Prägungen aus der Lebensgeschichte in Kontakt. Die Frau sagt: „Mein Mann kann mir nicht helfen." Das kann nun tatsächlich der Fall sein oder es ist ein Rückgriff auf frühere Zeiten. Vielleicht war es wirklich so, dass der Mann früher seiner Frau nicht helfen konnte, weil er noch nicht so weit war. Es könnte aber auch sein, dass die Frau noch aus der Zeit ihrer Herkunftsfamilie das Bild eines Mannes abgespeichert hat, der nicht helfen konnte. So ein Bild kann noch Jahrzehnte später die Beurteilung einer ganz neuen Situation übernehmen. Genauso ist es umgekehrt. Auch bei dem Mann spielen Prägungen von früher eine gewaltige Rolle im Umgang mit seiner Frau. Er wünscht sich, seiner Frau helfen zu können. Aber sobald sie sagt „Du kannst mir nicht helfen", fällt er selbst auf eine frühere Prägung aus seiner Herkunftsfamilie zurück, nämlich „Ich bin hier überflüssig und für nichts gut". Dann kann er keine gelingende kooperative Lösung der Situation mehr sehen. Die emotionale Kluft zwischen ihnen wird noch größer. Seine Reaktion führt dazu, dass sich seine Frau beschwert, er könne ihre Situation nicht verstehen und könne keine Rücksicht nehmen. Dann fühlt er sich noch unverstandener und der Streit geht weiter. Die früheren Prägungen sagen ihnen: „Das hat alles keinen Sinn, wir passen einfach nicht zusammen. Vielleicht ist es besser, wir trennen uns."

Eine Beziehung zu beenden, ist dann prüfenswert, wenn die Beziehung als Lebensumwelt für den Menschen nicht mehr bearbeitbar erscheint. Aber ist das jemals der

Fall? Ja, sicher, wenn einer der Partner nicht mehr bereit ist, sich zu ändern, sich anzupassen und die Beziehung gemeinsam weiterzuentwickeln. Wir können jedoch davon ausgehen, dass langjährige Partner die besten Experten füreinander sind. Konflikte entstehen, weil sich einmal der eine und dann der andere Partner vor einem Entwicklungsschritt befinden, der ihm oder ihr noch nicht gelungen ist. Der Lebenspartner spürt, dass der anstehende Schritt für das gelingende Leben des Partners dringend notwendig ist. Da so ein Entwicklungsschritt aber sehr schwierig und mit Konsequenzen in der sozialen Umwelt verbunden ist, kann man ihn oft nicht sofort umsetzen. Man interpretiert die Klage des Partners als fehlende Liebe und ein Nichtverstehen. Dabei kann der Partner das, was er sagen will, nur nicht so ausdrücken, dass es vom Informationsverarbeitungssystem des anderen Partners als gut gemeinte, zuträgliche Information aufgenommen wird. Also liegt oft ein lösbares Kommunikations- und Anpassungsproblem vor, das aber kein Trennungsgrund sein muss.

## Vom Herkunftscode zum gemeinsamen Code, dem Paarcode

Auch das Überschreiten gesellschaftlicher Brücken in Paarbeziehungen und im Beruf muss bewusst gemacht werden. Man muss dabei auf das eigene seelische Softwareprogramm, das persönliche Referenzmodell, achten und fragen: Befinde ich mich wie ein Tourist auf fremdem

Terrain, oder möchte ich in dem fremden Terrain Fuß fassen? Das ist ein großer Unterschied. Das Fußfassen bedingt eine Anpassung des seelischen Softwareprogramms, wenn die Wanderung von einem Gesellschaftscode in einen anderen glücken soll. Verdeutlichen möchte ich das anhand folgender Geschichte einer Frau, die bei ihren Eltern miterlebt hatte, wie schwierig sich dieses Überschreiten gesellschaftlicher Brücken gestaltet, wenn keine bewusste Anpassung erarbeitet wird:

Aufgewachsen ist die Frau in einer Kleinstadt in Tirol. In ihrem Elternhaus gab es drei Regeln. Die erste Regel war: „Widersprich nicht dem Vater!" Die zweite: „Die Mutter ist gut." Und die dritte: „Richte dich nach der Religion." Ihre Eltern waren erfolgreiche Unternehmer. Begonnen hat alles mit der Übergabe der Landwirtschaft durch ihren Großvater an ihren Vater. Die Zeit brachte es mit sich, dass auf den Feldern Ferienapartmenthäuser gebaut wurden. So wurde aus der Landwirtschaft ein Immobilienunternehmen. Bald führte ihr Vater Immobiliengeschäfte im größeren Stil durch und machte sich so einen Namen. Ihr Vater behielt den ursprünglichen landwirtschaftlichen Lebenscode bei. Das Problem dabei war, dass sich seine Region während seines Lebens von einer Agrar- zu einer Touristenregion veränderte. Natürlich dachte er, mit der Zeit zu gehen, indem er vom Landwirt zum Unternehmer wurde. Das war aber nur an der Oberfläche so. Unter der Oberfläche, in der seelischen Einstellung seiner Codierung, blieb er Landwirt. Ihre Mutter stammte aus einer ganz anderen Art von Familie. Ihr Großvater mütterlicherseits war Bankdirektor, ihre

Mutter kam aus einer Wiener Bankdirektorenfamilie. Ihre Eltern hätten sich also auf dem gesellschaftlichen Parkett nie getroffen. Sie lernten einander bei einem Autounfall kennen. Ihr Vater, der ungestüme, kräftige Draufgänger, fuhr in das Auto ihrer Mutter hinein. Ihre Mutter erzählte, dass ihr die Stärke und der Mut des Vaters gefallen hätten. Und für ihren Vater war die Mutter ein hübsches blondes Mädchen aus gutem bürgerlichen Haus. Sie hat noch in Erinnerung, dass ihre Mutter immer Unternehmerin werden wollte, weil es ihr gefallen hat, ihre eigene Chefin zu sein.

So treffen sich zwei Menschen mit unterschiedlicher kindlicher Prägung. Genau darin liegt das Glück oder Unglück einer Beziehung: im Erkennen der Unterschiedlichkeit und im Akzeptieren und Gutheißen, dass der andere anders ist. Das ist der goldene Schlüssel zur gelingenden Beziehung. Ihre Eltern haben einander geliebt. Beide sind aber in ihrer Prägung aus der Herkunftsfamilie verharrt und konnten die Kommunikationsbarrieren nicht überwinden. Ihr Vater wollte es der Mutter recht machen, und ihre Mutter wollte es dem Vater recht machen. Beide aus Liebe. Aber mit dem großen Hindernis, dass sie die jeweilige andere Art zur Lösung von Lebensproblemen nicht kannten und so nicht wertschätzen konnten. Deshalb ist im Streit jeder auf seine Ausgangsbasis, auf seinen Herkunftscode, zurückgefallen, und eine Kluft hat sich gebildet. Die Kluft wurde in dem Maße größer, je mehr jeder den anderen in den gemeinsamen Schwierigkeiten gebraucht hätte. In ihren Problemen sind sie zwischen den Herkunftscodes herumgeirrt und haben sich nicht auf einen gemeinsamen Paarcode zum Umgang mit Schwierigkeiten geeinigt. Ihr Vater dachte, er müsste aus Liebe auf der Klaviatur von Bankern spielen. Ihre Mutter glaubte, sie müsste aus Liebe das Instrument der Landwirtschaft spielen. Im ruhigen Wasser ist das ganz gut gegangen, als das Wetter aber umschlug, nicht mehr. Da ist die Mutter in den rauen Phasen des Lebens auf ihr Wertesystem der bürgerlichen Familie zurückgeworfen worden. Und ihr Vater ist im rauen Geschäftsleben zu seinem bäuerlichen Wertesystem zurückgekehrt. Das kann nicht gut gehen. Denn in den verschiedenen Welten werden andere Sprachen gesprochen und andere Verhaltensweisen verlangt.

Die unterschiedlichen Herkunftscodes, die nicht überwunden werden, sind der Grund, warum die Hälfte aller Ehen geschieden werden, so auch in diesem Beispiel nach über vierzig Ehejahren. Das hat mit der Liebe der Menschen zueinander nichts zu tun, sondern mit dem Paarcode, der sich erarbeiten lässt. Beschließen zwei Menschen, ein Paar zu werden, treffen zwei seelische Softwareprogramme aufeinander. In der Phase des Verliebtseins fällt das nicht auf. Die Andersartigkeit im Äußeren und Inneren wird als schön empfunden. Jeder ist für den anderen in bestimmten Bereichen eine Erlösung. Die Unterschiedlichkeit der seelischen Softwareprogramme wird am Anfang auch durch oberflächliche Reize wettgemacht, wie zum Beispiel Sexualität, Unternehmungen und Konsum. Darüber hinaus existieren gesellschaftliche Codes, was Paare gemeinsam tun sollen. Dazu gehören die Familiengründung und der Aufbau einer gemeinsamen Existenz. Das alles führt dazu, dass eine Abgleichung der unterschiedlichen Softwareprogramme nicht von Anfang an auf der Tagesordnung steht.

Ich bin überzeugt, eine gelingende Beziehung hängt nicht davon ab, ob die beiden Menschen zusammenpassen. Das hat sich ja schon gezeigt, indem die beiden sich verliebt haben. Die gelingende Beziehung hängt davon ab, ob jede Person für sich in der Beziehung ihre Andersartigkeit fühlen, benennen und sich darin treu bleiben kann. Das Glück in der Beziehung läuft über die bewusste Autonomie der beiden Partner. Erst in der eigenen Freiheit können sie wirklich zueinander Ja sagen. In diesem Prozess klärt jede Person für sich, woher sie kommt und nach welchen Werteregeln die Beurteilung von Situationen erfolgt. Die Person fragt sich: „Will ich das Wertesystem aus meiner kindlichen Prägung in meiner eigenen Beziehung fortsetzen oder lieber eine Anpassung vornehmen?“ Dadurch wird das seelische Softwareprogramm verändert. Der Code der sozialen Einbettung wird um den Code der persönlichen Entwicklung für eine gelingende Beziehung erweitert. Machen das beide Menschen und reden darüber offen und ehrlich, können sie als Person, als ein Ich und ein Du, wirklich Ja zum anderen sagen. Machen sie das nicht, sagen sie zwar Ja, aber es gilt nicht wirklich, da sie ihre persönlichen Hausaufgaben, um wirklich Ja sagen zu können, noch nicht gemacht haben. Wesentlich erscheint dabei die Erkenntnis, dass man eine Situation, in der zwei Menschen die Hauptrollen spielen, nicht allein lösen kann. Das geht nicht. Es braucht beide. Nehmen wir als

Beispiel ein Streitgespräch über das Thema Ehe zwischen einem Vater und einer erwachsenen Tochter. Beide folgen zu diesem Thema einem anderen Lebensmodell. Gelingt es dem Vater, dem Anderssein der Tochter, das nicht seinem Referenzmodell entspricht, Respekt zu zollen? Da sind wir beim Kern. Gelingt ihm das, ist das ein Hinweis, dass der Vater sein persönliches Referenzmodell der Situation anpassen kann. Gelingt ihm das nicht, kann man entweder einen großen Bogen um ihn machen oder weiter daran arbeiten, indem man fragt, was bräuchte er, um seine Tochter so annehmen zu können, wie sie ist. Wir können nichts tun, wenn die zweite Seite nicht will oder nicht kann – wir werden nie die Achtung bekommen, die wir verdienen. Das ist wie beim Pingpongspiel, das auch nur funktioniert, wenn die zweite Person mitspielt.

## Konstruktion Wahrheit

Wie kann es nun sein, dass Menschen, die zusammenleben und einander lieben, unterschiedliche Erinnerungen an gemeinsame Erlebnisse haben? Das ist ein wesentlicher Grund, weshalb viele Streitereien und Konflikte im Leben entstehen, indem es letztendlich um den Anspruch der Wahrheit geht. Die Antwort darauf ist wieder ganz einfach. Das Softwareprogramm Seele speichert im Selbst die Inhalte von Lebensereignissen, die mit Gefühlen verbunden sind, und legt sie im autobiografischen Gedächtnis ab. Es sind die Gefühle, die bestimmen, woran wir uns in unserem Leben erinnern, und vor allem, wie wir uns daran erinnern.

Um unserem Selbst eine durchgängige Identität zu verleihen, sind wir auf Konstruktion angewiesen. Natürlich mit dem Knackpunkt, dass dabei einiges nicht ganz zusammenpassen kann. Das fällt anderen Menschen auf. Sie wollen uns das mitteilen, treten für ihre Sicht der Dinge ein. Wir können das aber nicht annehmen, da unsere konstruierte Identität dadurch zu bröckeln beginnen würde. So entstehen Streitereien. Natürlich ist damit nicht gemeint, dass sich andere an Lebensereignisse besser erinnern. Sie können sich auch nur an die Gegebenheiten erinnern, die eine emotionale Färbung in ihrem Gedächtnis hinterlassen haben. Sind wir uns dessen bewusst, entziehen wir Streitereien und Konflikten das Zündpotenzial. Wir können uns auf Gespräche einlassen, weil wir wissen, dass jeder von uns nur über die individuelle Erinnerung berichten kann. Es gibt also keinen Anspruch auf Wahrheit in der Wahrnehmung. Wir sind Menschen, die sich gemeinsam der geschichtlichen Wahrheit nähern können. Stattfinden kann sie aber nur in der Gegenwart, gerade jetzt, und nicht in Erinnerung an die Vergangenheit. Denn das, woran wir uns erinnern, muss nicht unbedingt tatsächlich so gewesen sein. Eben weil unser Softwareprogramm auf Konstruktion programmiert ist und wir im Nachhinein die Bilder und Erlebnisse so zusammensetzen, dass der Lebenslauf einen zusammenhängenden Sinn bekommt, inklusive Lückenfüllung. Das ist der Grund, warum Karl Popper sagt, Geschichtsschreibung lässt sich nicht als

Wahrheit in der Gegenwart abbilden, sondern bleibt immer Konstruktion, innerhalb derer wir uns an das tatsächlich Geschehene annähern können, aber nie dort ankommen werden.

Wollen wir die Geschichte eines Menschen beschreiben, wollen wir uns selbst verstehen, verändert sich dieses Geschichtsverständnis mit jeder neuen Einsicht. Das führt dazu, dass sich unsere Persönlichkeit mit jedem Erlebnis von Erstmaligkeit verändert, da sich die Bewusstwerdung von Inhalten und deren Wiedergabe im autobiografischen Gedächtnis verändert. Das ist der einfache Grund, warum das Wichtige im Leben die Reise und nicht die Ankunft bei einem bestimmten Lebenspunkt ist, da sich unsere Lebensinhalte und Lebensbedürfnisse verändern, sobald wir an diesem Lebenspunkt angekommen sind. Die Veränderung ist also ein integraler Bestandteil unseres Lebens. Darum ist die Anpassungsfähigkeit unseres seelischen Softwareapparates eine uns glücklich machende Fertigkeit. Denn es sind weniger die Veränderungen selbst, die uns Probleme machen, sondern unser Umgang damit.

# EIN GEFÜHL DER LEIDENSCHAFT ENTWICKELN

## Der Prozess der Veränderung

**Veränderungen sind integraler Bestandteil des Lebens. Erst die Art und Weise, wie wir damit umgehen, kann daraus ein Problem machen.**

## Veränderung im Leben ist wie das Lernen einer neuen Sprache

Der Prozess der Veränderung kann sehr lange dauern und beginnt damit, dass sich ein Mensch darüber klar wird, dass eine bestimmte Art eigentlich nicht zu ihm passt, sondern von der Ausgangsprägung in der sozialen Einbettung und im gesellschaftlichen Code stammt. Jetzt will der Mensch die Ausgangsprägung verändern. Das funktioniert durch Benennen: „So war es, so ist es und so soll es sein." Der nächste Schritt ist, dass ein Gefühl von Leidenschaft für diesen Prozess der Veränderung entstehen muss.

Das Gefühl ist der Motor für die Veränderung, nicht das Denken darüber. Man muss es sich wert sein, an sich zu arbeiten. Dann beginnt der lange Prozess der Veränderung, das bewusste Anderssein, das tägliche Üben. Und das ist verdammt anstrengend. Es läuft nämlich nicht automatisch, das Anderssein. Automatisch läuft nur das alte Sein in der Ausgangsprägung, die sich immer wieder in den Vordergrund drängt. Gegen die muss ständig in dem Andersseinwollen angekämpft werden. Das ist wie mit der Muttersprache. Bei der muss man nicht daran denken, welches Wort und welche Grammatik passen. Das läuft automatisch. Anders bei einer Fremdsprache. Veränderung im Leben ist wie das Lernen einer neuen Sprache. Ein mühsamer und aktiver Prozess. Sonst geht es nicht. Rückschläge bei diesem Prozess sind seelische Bananenschalen. Nicht mehr und nicht weniger. Wir müssen nur lernen, wieder auf die Füße zu kommen.

Darum geht es. Um kleine Schritte in die richtige Richtung. Die Medikamente dafür haben wir alle in uns: Mut, Offenheit, Ehrlichkeit und Liebe. Der Prozess der Veränderung dauert mindestens drei Jahre. Frühestens dann kann das neue, gewünschte Verhalten automatisiert ablaufen. Bis es so weit ist, braucht es ständig das aktive Tun, sonst fallen wir immer wieder auf die Ausgangsprägung zurück. Natürlich kann der Veränderungsprozess auch länger dauern, vielleicht ewig. Daher sind Geduld und ein langer Atem so wichtig. Wir müssen uns etwas wert sein, wollen wir uns gerecht werden. Wir müssen uns mehr wert sein, als uns in der Ausgangsprägung der sozialen Einbettung und der gesellschaftlichen Codierung zugestanden wurde.

Ich erinnere mich an einen Satz, den Paul Watzlawick nicht müde wurde zu wiederholen: „Die einzige Konstante im Leben ist Veränderung." Veränderungen sind integraler Bestandteil des Lebens. Erst die Art und Weise, wie wir damit umgehen, kann daraus ein Problem machen. Probleme können aber nicht mit den gleichen Gedanken gelöst werden, die zur Entstehung des Problems geführt haben. Eigentlich klar, wenn man das so liest. Aber auch so schwer, wenn man gerade mit Haut und Haaren drinsteckt.

Ein Problem entsteht immer dann, wenn angelegte seelische Strategien im Umgang mit veränderten Umgebungen nicht mehr passen. Also ist die Veränderbarkeit, die Anpassungsfähigkeit des seelischen Softwareapparates an die sich ständig wandelnde Umwelt eine zentrale die Seele glücklich machende Fähigkeit.

## Jeder ist letzten Endes sein eigener Experte

Veränderungsprozesse und Psychotherapie sind weder ein schnell verfügbares Produkt noch eine rasch konsumierbare Dienstleistung, wie wir das in der gewohnten Konsumgesellschaft kennen. Die Medizin kann dieses Bedürfnis vielleicht eher befriedigen. Da gehe ich zum Arzt und sage: „Herr Doktor, helfen Sie mir. Ich lege mich auf das Bett, machen Sie mich gesund." Und der macht dann. Das ist gut, denn da brauch ich nichts zu tun. Es ist aber auch etwas ganz Schlechtes dabei. Eine Art Selbstaufgabe. Ich lege mich hin, weil ich glaube, der Doktor versteht mich und meinen Körper besser als ich selbst. Das stimmt vielleicht für das Organ, das er behandelt, aber nicht für den Menschen. Bei der Seele funktioniert diese Zugangsweise schon gar nicht. Wir sind nicht aus einem Fertigungsprozess, wo Menschen ausgespuckt werden, die nach dem gleichen Schema funktionieren. Jeder Mensch ist letzten Endes sein eigener Experte. Das ist etwas wirklich Wertvolles, aber zugleich eine Bürde. Wir sind selbst für uns verantwortlich. Wir dürfen nicht darauf warten, dass uns ein Moses die Zehn Gebote bringt und uns sagt, wie wir unser Leben leben sollen. Jeder ist sein eigener Moses.

Die Entwicklung der Persönlichkeit ist ein Prozess, der in drei Phasen abläuft. In der ersten Phase beschäftigt sich der Mensch mit seiner Herkunft. In der zweiten Phase erfolgt das Streben nach Autonomie, nach einem Leben, in dem man dem Traum vom gelingenden Selbst folgt und in dem die eigenen Wünsche wirklich werden können. Ist diese innere Überzeugung erreicht, kommt Phase drei, die Kunst des gemeinsamen Wachstums. Menschen werden aus Verbundenheit geboren und bemühen sich auf ihrem Weg, wieder in Verbundenheit zu sein.

Dazu passt das Bild von der Entwicklung eines Schmetterlings, die auch drei Phasen durchläuft. Am Beginn steht die Entwicklung des befruchteten Eis in eine Raupe. Dann verwandelt sich die Raupe in eine Puppe, um letztendlich als Schmetterling in besonderer Pracht hervorzutreten. Phase eins ist das Herkunftsstadium, Phase zwei das Stadium des Zurückziehens, das auf sich konzentrierte Sein, vielleicht sogar in einem Kokon. Phase drei ist der fertige Schmetterling, der mit anderen Schmetterlingen und seiner Umwelt in Beziehung tritt. So, wie sich der Schmetterling in seiner Entwicklung ändert und klar abgrenzbare Entwicklungsschritte in Metamorphosen durchlebt, durchleben auch wir in unserer Persönlichkeitsentwicklung Metamorphosen. Sie sind Teil des Prozesses, nur nicht so leicht sichtbar.

## Wenn du willst, ist es dein Leben

Wie willst du deine Lebensgeschichte jetzt schreiben? Welche Skizze willst du auf deiner Lebenskarte zeichnen? Ursprünglich bist du eins mit deinem Leben und deinem Traum vom gelingenden Selbst. Deine Lebensfragen stellen sich dir zur Verfügung, um dir die Möglichkeit zu geben, auf den Weg zu gelangen, eben der Mensch zu werden, der du potenziell werden kannst. Bleibst du ansprechbar dafür, läuft alles gut und reicht ein Leben aus. Du hinterlässt so deine Spuren in deinem Lebenslauf und wirst an ihnen für dich und deine Umwelt sichtbar.

Sollte dies schwierig erscheinen, sei darauf hingewiesen: Das ist Teil des Prozesses. Imagination gibt Träumen ihre materielle Form erst ab einer gewissen Menge Energie. Denken ist Handeln mit geringen Energieeinheiten. In größeren Energieeinheiten bekommt es seine äußere Form. Wenn du willst, ist es kein Märchen. Wenn du willst, ist es dein Leben.

# EPILOG

## Das eigene Leben und das uns umgebende kulturelle Koordinatensystem

Gesellschaften befinden sich wie jeder einzelne Mensch in steter Entwicklung und jede Generation kann nicht mehr als die ihr gestellten Fragen beantworten und Aufgaben lösen. Aber das ist schon viel, wenn der Mensch innerhalb seiner Generation nicht mehr Schaden im Generationen übergreifenden Prozess anrichtet, als in dieser Zeitspanne repariert werden kann.

Das Anthropozän ist jenes Erdzeitalter, in dem menschliche Einflüsse auf den Planten Erde ähnlich prägend sind wie Einflüsse der Natur. Nachweislich beschrieben wurde es erstmals von Paul Crutzen, der einen Anstieg von Kohlendioxid und Methan im Eis von Gletschern entdeckte und dies eindeutig mit menschlichen Aktivitäten seit Beginn der industriellen Revolution in Beziehung setzen konnte. Dafür erhielt er 1995 den Nobelpreis.

Es ist wirklich schwer festzustellen, wie sich die gegenwärtige Situation, bezogen auf unsere Umwelt, darstellt: Einerseits gibt es Stimmen wie die von Jacques Chirac, der als Präsident Frankreichs im September 2002 bei einer Rede in Johannesburg folgende Aussage machte: „Unser Haus brennt, und wir schauen woanders hin. Wir können nicht sagen, wir hätten es nicht gewusst. Geben wir acht, dass das 21. Jahrhundert nicht für zukünftige Generationen zum Jahrhundert des Verbrechens der Menschheit gegen das Leben wird." Unglaublich, sollte sich herausstellen, der Mensch sei zu noch größerem Unheil in der Lage, als er im 20. Jahrhundert gezeigt hat. Auch werden Behauptungen aufgestellt, der Planet Erde könnte in seine sechste Krise kommen. Im Zeitraum von etwa 500 Millionen Jahren ereigneten sich fünf große Krisen, die sich in der geologischen Vergangenheit ablesen lassen. In der dritten Krise vor etwa 245 Millionen Jahren, beim Übergang vom Paläozoikum zum Mesozoikum, sind 95 % aller Arten ausgestorben. In der fünften Krise vor 65 Millionen Jahren sind alle Land und Wasser bewohnenden Saurier ausgestorben. Es wird die Frage gestellt, ob eine einzige der heute existierenden zwei Millionen Arten – der Mensch – in der Lage ist, eine sechste Krise auszulösen. Schenkt man der Global-Footprint-Network-Studie Glauben, hätten seit 1960 die ökologischen Auswirkungen unseres Daseins auf den Planeten Erde enorm um sich gegriffen. Seit 1987 würden die ökologischen Auswirkungen immer weiter über die Erde hinauswachsen. Dies bedeute, unsere Spezies habe die Fähigkeit des Planeten erschöpft, Nahrung und Treibstoff zu produzieren und mit der Umweltverschmutzung fertig zu werden. Würde das gegenwärtige Entwicklungsmodell beibehalten, bräuchte die Menschheit in wenigen Jahren mindestens zwei Erden, um überleben zu können. Andererseits gibt es regelmäßig Mitteilungen, ein Mensch sei ein Pessimist, wenn er die Situation der Umwelt als bedrohlich ansehe.

Wir erleben also zwei Pole, einerseits den kolonisierenden, entdeckenden Mensch und anderseits den behütenden, fürsorglichen Menschen. Diese Pole gilt es zu überbrücken. Das alleine ist im einzelnen Leben eine große Herausforderung und schwierig genug. Folgen wir in der Sachverhaltsfeststellung dem Anthropologen Claude Levi-Strauss, stellen wir fest: „Nur wenn wir pessimistisch sind, werden uns die Gefahren bewusst, die uns bedrohen. Nur dann werden wir den Mut zu den nötigen Lösungen haben. Und erst dann können wir anfangen, eine gewisse bescheidene Dosis Optimismus zu entwickeln.“ Aus der psychologischen Forschung ist bekannt, dass Pessimisten die Realität wirklichkeitskonformer sehen als Optimisten. Aber zugleich ermöglichen vor allem die Optimisten Paradigmenwechsel.

Wer hätte vor dreißig Jahren gedacht, Steve Jobs würde mit seiner Firmengründung eine Änderung menschlicher Lebensabläufe hervorrufen und dass Social Media politische Revolutionen unterstützen oder sogar auslösen könnten. Also welche Sichtachse sollen wir einnehmen? Wir müssen beide einnehmen und sowohl den entdeckenden als auch den fürsorglichen Teil in uns stärken. Und wir müssen uns mit dem uns umgebenden kulturellen Koordinatensystem beschäftigen, um unser Leben und unser Tun in ebendiesem kulturellen Rahmen in einen Sinnzusammenhang bringen zu können.

Unser Erdzeitalter Anthropozän hat mit der industriellen Revolution begonnen. Den gesellschaftspolitischen Boden bereitete eine Epoche, die Aufklärung genannt wird. Das Anthropozän ist also ein Erdzeitalter, für dessen Entstehen der Westen ursprünglich verantwortlich ist. Und damit für die Kultur, in die wir eingebettet sind. Die Beschäftigung damit ist auch deshalb erforderlich, da wir uns als Mensch zur gleichen Zeit in verschiedenen Umwelten bewegen. Die uns am nächsten stehende Umwelt wird als unser Mikrokosmos bezeichnet, also unsere Beziehungen in der Familie, der Arbeit und dergleichen. Weiter entfernt ist unser Mesokosmos, die Summe aller Mikrosysteme, und noch weiter entfernt unser Makrokosmos, der kulturelle Rahmen. Für ein gelingendes Sein braucht ein Mensch das Eingebundensein in diese drei Ebenen. Schließlich kann es neben Herausforderungen mit dem Lebenspartner oder auf dem Arbeitsplatz auch so etwas wie ein Unbehagen in der Kultur geben. Das Behagen oder Unbehagen in der Kultur zeigt sich augenscheinlich auf politischer Ebene. Es zeigt sich in der sozioökonomischen Befindlichkeit oder am Gesundheitszustand der Gesellschaftsmitglieder. Jede Kultur zeigt zu einer bestimmten Zeit die für sie typischen Krankheitsbilder.

Ein großer Entwicklungssprung von Gesellschaften ist im sogenannten epidemiologischen Übergang sichtbar. Gemeint ist damit, dass Infektionskrankheiten nicht mehr die Haupttodesursachen in einer Bevölkerung sind, sondern degenerative Erkrankungen wie Krebs oder Herz-Kreislauf-Erkrankungen. In den westlichen Gesellschaften vollzog sich dieser Übergang am Ende des 19. und zu Beginn des 20. Jahrhunderts. Bis zu diesem Übergang konnten die Lebensbedingungen und der Gesundheitszustand von Menschen relativ einfach durch Erhöhung des materiellen Standards verbessert werden. Danach erfolgt die Zunahme nicht mehr proportional zu den eingesetzten materiellen Mitteln. Menschen in diesen Gesellschaften brauchen neben dem Materiellen eine das Leben fördernde psychosoziale Umgebung. Die Psychologisierung beruht nicht auf einer Verweichlichung der Gesellschaftsmitglieder, sondern ermöglicht den Zugang zu einem Verständnis des Menschseins.

Jeder Mensch ist zu jedem Zeitpunkt von gesund und von krank machenden Einflüssen umgeben. Gesund machende Ressourcen sind feste, auf Vertrauen und Liebe basierende Beziehungen, eine stabile soziale Einbettung in Familie, Freundschaft, Schule oder Arbeit, rechtsstaatliche und friedliche gesellschaftliche Strukturen, aber auch Geld. Geld verschafft Ansehen und einem klug und besonnen entwickelten Menschen Unabhängigkeit. Ein Mensch mit Geld kann frei entscheiden, an wen er seine Arbeitskraft verkauft. Ebenso versetzt Geld einen Menschen in die Lage, frei zu entscheiden, in welchem Staat er sein Leben entwickeln will. So, wie Geld gesund machende Eigenschaften hat, enthält es auch krank machende Dispositionen, indem es – in dem steten Streben nach noch mehr Geld – leicht süchtig macht.

Eine gegenwärtige Dominante in westlichen Gesellschaften ist die Geldwirtschaft. Das war nicht immer so. Obwohl die Verwendung von Geld eine lange historische Tradition hat, war das Geldwesen für den Großteil der Bevölkerung nicht die lebensbestimmende Dominante. Mit der industriellen Revolution nahm die Zahl der Lohn-, also Geldempfänger für Arbeitsleistungen aber stetig zu. Geld ist mit der Begrifflichkeit Eigentum verknüpft, das mit Beginn des Ackerbaus wichtig wurde. Davor haben Menschen als Jäger und Sammler in Gruppen von wahrscheinlich 200 Menschen gelebt. Für das Leben in diesen Gruppengrößen ist der Mensch evolutionär-psychologisch entwickelt. Evolutionär entwickelte psychische Module, wie etwa die Stimmung eines Menschen am Gesichtsausdruck augenblicklich zu erkennen oder am Geruch zu entscheiden, ob ein Mensch einen anderen mag oder nicht, standen zur Verfügung. Das Leben in Gruppen war über Jahrtausende von Konfliktvermeidung und Konfliktlösung geprägt. Wesentliche Werkzeuge dafür waren Geschenke und Tauschhandlungen.

Evolutionär ist der Mensch also nicht für das Aushalten innerer Spannungen und chronischen Stress entwickelt.

Dazu ein Beispiel: Als im London des 18. Jahrhunderts Leichen studiert wurden, stellten Mediziner eine bestimmte Größe der Nebennieren fest. Später erkannten Anatomen, dass die Nebennieren Wohlhabender kleiner waren, und diagnostizierten Nebennierenatrophie, also eine Verkleinerung der Nebenniere. Noch später wurde klar: Die Referenzgrößen für Nebennieren stammten von Armen, da nach Ableben ihre Körper der Anatomie zur Verfügung standen. Die bei den Armen festgestellte Größe der Nebennieren entsprach nicht einer Bezugsgröße, die typisch für menschliche Nebennieren ist, sondern war eine Vergrößerung als Ausdruck von chronischem Stress. Die ursprünglich diagnostizierte Nebennierenatrophie der Wohlhabenden wurde als Normalgröße von Nebennieren bei Menschen erkannt.

Würde man heute eine westliche Gesellschaft auf ihre psychische Gesundheit untersuchen, käme man auf ein ähnlich verzerrtes, falsches Bild. Innerhalb der psychiatrischen und psychotherapeutischen Wissenschaften wird weltweit akzeptiert, dass gegenwärtig ein Viertel der Bevölkerung an einer zumindest einmal im Leben auftretenden psychischen Erkrankung leidet. Aus diesem Befund ließe sich schließen, der Mensch wäre an sich anfällig für psychische Krankheiten. Diesem Trugschluss darf man aber nicht verfallen. Der Befund gibt lediglich Auskunft über die Befindlichkeit von Menschen in einer Gesellschaftsform. Wird der Befund als gesamtgesellschaftliches Burn-out-Syndrom interpretiert, kann dagegen kein Einwand erhoben werden. Es ist nämlich nicht der Mensch, der seiner Natur entsprechend in einem Viertel einer Gemeinschaft eine psychische Erkrankung entwickelt, es sind die von der Kultur ersonnenen Institutionen, die Menschen für psychische Störungen anfällig machen.

Natürlich ist die Zunahme der Lebenserwartung in den letzten einhundert Jahren eine wesentliche Gesellschaftsleistung. Natürlich ist es eine Leistung, dass Menschen überwiegend nicht mehr an Infektionskrankheiten oder durch kriegerische Handlungen sterben oder in feuchten Unterkünften leben. Und natürlich ist es eine gesellschaftliche Leistung, dass Menschen ihr psychisches Unbehagen in der Kultur erleben können, ohne davor zu sterben. Aber zugleich ergeben die gegenwärtigen Befunde Aufschluss über eine nicht erfolgte gesellschaftliche Anpassung.

Die Bank of England wurde 1694, die Bank of Amerika 1784 und die Bank of China 1912 gegründet – das sind sehr kurze Zeiträume. Die den Westen bestimmende Denkart mit dem damit verknüpften Denkziel, der Mensch sei an sich gewinnmaximierend, nutzen- und präferenzorientiert, setzte sich in diesem Zeitraum immer stärker durch und wurde zu einem dominanten Erklärungsbild des menschlichen Verhaltens. Als Befund aber genauso falsch wie der Befund im Nebennierenbeispiel. Beschreibungen der Natur des Menschseins in Gemeinschaften vollzogen bisher vorwiegend Geistes-, Sozial- und theologische Wissenschaften. Nur zu verständlich wird so das gesamtgesellschaftliche Burn-out-Syndrom angesichts von Regelwerken, die sich von als Verfassung bezeichneten Schriftwerken ableiten, dem einzelnen Menschen wie der Gemeinschaft jedoch keinen sinnstiftenden Halt geben. Aus diesen Regelwerken leiten sich Regelunterformen, einfache Gesetze, Verordnungen, ab, die vom einzelnen Menschen nicht mehr erfasst werden können und lediglich unter Zuhilfenahme von Beratung (Finanz-, Rechts-, Berufs-, Familien-, Sozial- oder Lebensberatung) befolgt werden können. Sicherlich deshalb, da andere normkonsolidierende Verhaltensregeln, wie eine Zielvorstellung vom gelingenden Zusammenleben als Gemeinschaft in Ethik und Moral, im gegenwärtigen Gesellschaftsverbund nicht als Leitlinien geachtet werden. Anerkannt werden lediglich die Leitlinien des Rechtsstaates. Alles, was nicht in Gesetzbüchern mit direkten negativen Sanktionen für den einzelnen Menschen geahndet wird, was also im Graubereich angesiedelt ist, wird von einem Teil der Menschen vollzogen. Anstand, Ehrlichkeit, Aufrichtigkeit werden dagegen als menschliche Naivität interpretiert. So verwundert das gegenwärtige Ausbrennen der Gesellschaft als Ganzes nicht.

Kulturen im Nahen Osten wurden als Erste beschrieben und haben den Westen geprägt. Auch die Kultur der Antike hatte nachhaltigen Einfluss auf das westliche Bild vom Menschen und von seinem Zusammenleben. Es folgte als Leitbild eine monotheistische Religion – die christliche. Im 14. und 15. Jahrhundert wurden festgesetzte Regelungen des Zusammenlebens zunehmend in Frage gestellt. Im 16. Jahrhundert kamen Herrschaftsverträge ins Wanken. Könige und Päpste verloren allmählich ihren absoluten Herrschaftsanspruch. Der Herrschaftsvertrag wurde im Rahmen einer Periode, die als Aufklärung bezeichnet wird, von einem Gesellschaftsvertrag abgelöst.

Überlegungen über das gedeihliche Zusammenleben von Menschen in Gemeinschaften werden damit in verdichteter Form in Staatsverfassungen gefasst. Die Sichtachsen der entworfenen Gesellschaftsverträge spiegeln die Sozialisation ihrer Autoren wider. So gingen einige von einem betrüblichen Menschenbild aus und unternahmen den Versuch, Menschen vor der Bösartigkeit des Menschen zu schützen. Andere gingen von einem idealisierten Menschenbild aus. Und wieder andere leiteten sich aus der scheinbaren Erkenntnis über den Naturzustand des Menschen ab. Dieser Sichtachse entsprechend entwickelte sich die Beschreibung der Naturrechte des Menschen wie der Freiheit, Gleichheit, Gerechtigkeit, des Eigentums am eigenen Körper und an Dingen, der Glaubensfreiheit oder des Rechtes auf Glück. Der Begriff Natur wird hier fälschlicherweise verwendet, da es sich um eine Interpretation des Menschseins handelt und dies unter den Begriff der Kultur fällt.

Im Gegensatz dazu entwickelte sich im 19. und 20. Jahrhundert die reine Rechtslehre, deren Ziel die Abfassung von Regelungen für das gedeihliche Zusammenleben ist, jedoch ohne Bezugnahme auf sinnstiftende, sozialen Kitt erzeugende Überlegungen. Diese Abfassungen beziehen sich auf die Befreiung des Menschen von Zwängen, die in den Verfassungen nicht gebilligt werden. Sie beziehen sich auf ein „Freisein von ...“ und nicht auf ein „Freisein zu ...“. Verständlich wird dies, da sich in den kontinentaleuropäischen Staaten der aufklärerische Gedanke aufgrund des bestehenden Einflusses der Kirche sowie der Aristokratie nicht wie etwa in den Vereinigten Staaten von Amerika durchsetzen konnte.

Es bleibt den Anstrengungen gegenwärtiger Generationen überlassen, beide Sichtachsen zu integrieren. Dies scheint geboten, da die Verfassung der in den letzten beiden Jahrhunderten wirkungsvollsten Gemeinschaft, der Vereinigten Staaten von Amerika, Umstände beschreibt, die zum Zeitpunkt der Abfassung nicht gegeben waren, somit als Zielvorstellungen vorlagen, wodurch implizit eine sinnstiftende Dimension gegeben ist. Verständlich wird das Scheitern einer sinnstiftenden europäischen Verfassung, weil sich die Mitgliedstaaten vielfach auf Verfassungen berufen, die ihren Ursprung nicht originär aus Übereinstimmungen ihrer Gesellschaftskräfte schöpfen. So gelang es beispielsweise den Volksvertretern der Bundesrepublik Deutschland nicht, sich in den Nachkriegsjahren von 1945 bis 1949 auf eine gemeinsame Verfassung zu einigen. Auf Druck und Initiative der Besatzungsmächte wurde ein Entwurf erstellt, der nach Überarbeitung und Abstimmung 1949 als vorlaufige Verfassung angenommen wurde. 1989 wurde diese auf die neuen Bundesländer ausgeweitet und verlor die Bezeichnung einer vorläufigen Verfassung – im Übrigen nicht als solche, sondern als Grundgesetz bezeichnet. Ebenso kann als Beispiel Österreich herangezogen werden, dessen Verfassung von 1920 im Jahr 1934 außer Kraft gesetzt wurde, um dann 1945 wieder in Kraft zu treten. Natürlich auch ohne Volksabstimmung. Die Abschaffung wie die Wiedereinführung gestalteten sich gegenüber dem Volk in tendenziell absolutistischer Form aus Angst vor der Volksmeinung. Die Beschreibung einer gemeinschaftlichen Willenserklärung im Sinne einer Verfassung, die durch eine Volksabstimmung beschlossen wird, sind diese Territorialstaaten also bisher schuldig geblieben. Sicherlich auch deshalb, da nach den beiden Weltkriegen, 1918 wie 1945, eine demokratische Ordnung von anderen Staaten hineingetragen wurde – die Demokratie also ursprünglich keine natürliche Folge gesellschaftlicher Entwicklung in Deutschland oder Österreich war. Nur zu verständlich erscheinen so abgebremste Entwicklungsmöglichkeiten, da ein Großteil der gemeinschaftlichen Energie in Reibungsprozessen distributiver Koalitionen verloren geht.

Belügen sich Mitglieder einer Familie oder einer Firma, befinden sich solche Systeme in der abbauenden Phase bis hin zum Zerfall. Belügen freiwillige Mitgliedstaaten ihre Integrationsinstanz, die Europäische Union, die primär als Schutz vor europäischen nationalstaatlichen Kriegen nach dem Zweiten Weltkrieg gegründet und zunächst vordergründig als Wirtschaftsvereinigung bezeichnet wurde, ist ein Zerfall denkbar. Wollen europäische Staaten an einer gedeihlichen Entwicklung des Planeten Erde im Anthropozän wirkungsvoll teilnehmen, werden sie – als Zeichen der Reife – um selbst geschaffene territorialstaatliche Verfassungen wie um eine europäische Verfassung, die sowohl den gemeinsamen Willen als auch den Schutz des Menschen vor menschlichen Ausartungen und zudem eine Zielvorstellung beschreibt, nicht herumkommen.

Es ist gut möglich, dass der Nutzen dieser Schilderungen nicht unmittelbar zugänglich ist, da Staatsverfassungen vom einzelnen Menschen normalerweise gedanklich weit entfernt sind. An ihnen lässt sich aber der Zustand einer Kultur im Wechselspiel mit der gelebten politischen Realität sehr gut ablesen. In den Verfassungen und den Institutionen können die Koordinatensysteme erkannt werden, innerhalb derer der Einzelne lernt sich zu bewegen. Die Regelwerke werden im Alltagsbewusstsein zwar nicht wahrgenommen, führen aber zur Entfremdung des Menschen, zu einem Fremdwerden des einzelnen Menschen gegenüber sich selbst, den Mitmenschen, der Natur und letztlich dem eigenen Leben. Gewiss ist: Leid basiert in weitaus überwiegender Form auf Unrecht und nicht auf Unglück.

In keiner Weise selbstverständlich ist, dass sich die gegenwärtige gesellschaftliche Entwicklung zum Guten wendet und eine für Folgegenerationen gedeihliche Umgebung hinterlässt. Nicht wünschenswert wäre, wenn ein künftiger Kommissionspräsident der Europäischen Union eine ähnliche Rede an das Europaparlament halten müsste, wie sie Michael Gorbatschow am 27. Jänner 1987 vor dem Zentralkomitee der kommunistischen Partei hielt, in der er deutlich beschrieb, was in der Gesellschaft der Sowjetunion schiefgelaufen war. Sein Appell für soziales und moralisches Engagement kam zu spät. Mit dem Zerfall der Sowjetunion und dem Triumph liberal-demokratisch-marktwirtschaftlicher gesellschaftlicher Strukturen 1989, augenscheinlich in der Wiedervereinigung Deutschlands, zeigten sich die im Westen etablierten Gesellschaften überlebensfähiger als kommunistische. In den Folgejahren lag der Fokus jedoch auf der Stärkung des Kapitalismus, und dies könnte bei Fortführung zu einer ähnlich gelagerten Situation führen, einer gesellschaftlichen Schieflage mit der Gefahr des Zerfalls. Ein Hinweis darauf könnte der Geldfluss zwischen Banken sein, der in Billionen Dollar gerechnet wird. 2005 umfasste dieser Geldfluss 2 600 Billionen Dollar. Davon entfielen 44 Billionen Dollar auf die Realwirtschaft. Der Rest auf den Finanzsektor, der für sich alleine und unabhängig von Investitionen funktioniert. 2007 ist dieser Interbankenhandel innerhalb weniger Wochen zusammengebrochen.

Wünschenswert wäre hingegen, wenn der europäische Integrationsprozess gelingend voranschreiten, psychosoziale Gesundheit eine neue gesellschaftliche Dominante werden und in absehbarer Zukunft eine europäische Bundesstaatlichkeit erreicht werden würde. Dazu wird eine Repolitisierung des aufgeklärten, selbst denkenden Menschen erforderlich sein. Selbst zu denken, bedeutet, klug und besonnen zu überlegen, um das Denken in Handlungen überzuführen. Bleibt menschenfreundliches Handeln auf Nächststehende beschränkt und findet es selbst dort nicht durchgängig statt, befinden wir uns im amoralischen Familismus. Bleiben die öffentlichen Räume, sei es das politische, soziale, kulturelle oder ökologische Engagement, ungenutzt, werden sie von bestehenden distributiven Koalitionen, wie der Geldwirtschaft, nicht adäquat anpassungsfähigen politischen Parteien, der Aristokratie, dem Geldadel oder den

Kirchen, besetzt und wird die gesellschaftliche Zukunft durch diese bestimmt. Menschlichkeit in öffentlichen Räumen macht Gesellschaften gedeihlich und braucht uns dafür. Gesellschaften befinden sich wie jeder einzelne Mensch in steter Entwicklung und jede Generation kann nicht mehr als die ihr gestellten Fragen beantworten und Aufgaben lösen. Aber das ist schon viel, wenn der Mensch innerhalb seiner Generation nicht mehr Schaden im Generationen übergreifenden Prozess anrichtet, als in dieser Zeitspanne repariert werden kann.

Falsche Propheten gab es zu jeder Zeit und gibt es auch heute. Die Gefährlichkeit liegt in ihrem unmittelbaren Tun und darüber hinaus darin, dass ihre Denkrichtung das Koordinatensystem der Institutionen prägt, die den Menschen Lebenslinien vorgeben und zugleich künftige Generationen aufziehen. Die ursprüngliche Denkrichtung wird so vervielfältigt und auch verschärft, wenn sie nicht durch demokratische Prozesse oder andere Territorialstaaten in ihre Grenzen gezwungen wird. Wie Weisheitsüberlieferungen gibt es Dummheits- und Bösartigkeitsüberlieferungen, kollektive Klugheit wie kollektive Grausamkeit. Abhängig von der Menge Menschen, die sich für den einen oder anderen Pol einsetzen, entwickelt sich eine Gesellschaft.

# DANKSAGUNG

Gewiss hätte ich dieses Buch nicht ohne den wertvollen Einfluss von Harry Merl und seiner damaligen Gruppe am Institut für Psychotherapie der Landesnervenklinik in Linz schreiben können. Ich danke: Harry Merl, Helga Mezgolich, Gabi Gassner, Gebhard Werl und Christian Guth. Auch hätte ich die Abhandlung nicht ohne die positiven Einflüsse meines Vaters, meiner Mutter, meiner Geschwister sowie meiner Groß- und Urgroßeltern schreiben können. Ebenso nicht ohne die Lebensgemeinschaft mit meiner Frau und unseren beiden Kindern.

Dankbar bin ich der Republik Österreich, einem schlechten Maturanten die Studienwahl Medizin ermöglicht zu haben, für die Unterstützung im Aufnahmeverfahren an der Stanford University sowie dafür, meine Dienste als Gerichtssachverständiger in Anspruch zu nehmen. Des Weiteren waren für mich die Rückmeldungen folgender Personen bei der Manuskripterstellung äußerst wertvoll: Katja Gentinetta nahm als Philosophin eine Erstbeurteilung vor. Bruno Buchberger als Mathematiker war eine richtige Kraftquelle. Hans Steiner bewertete als Professor der Psychiatrie an der Stanford University mit großer Empathie zu der Materie. Genauso Energie stiftend war mein Kollege Kurt Baresch. Vergessen habe ich nicht die Fachkommentare von Herbert Kalb, Ulrich Kropiunigg, Hans Lenk, Walther Parson, Erich Steinbauer und Hartmann Hinterhuber. Natürlich sind die

Manuskriptbegleiter der ersten Stunde (Andreas Stumptner, Franz Fischer und Constanze Pandi) nicht vergessen. Eine besondere Anerkennung gebührt Susanne Decker, die in vorbildlicher Weise die Manuskriptfassungen redaktionell bearbeitete. Ebenso vorbildlich waren die Arbeiten des Teams um Hans Reifetzhammer und Erwin Schmölzer – allen voran Kristin Koniarek, die dem Buch und der dazugehörigen Präsenz im Internet seine Erscheinungsform gaben.

Verbundenheit verspüre ich auch mit den Menschen, die sich meiner ärztlich-psychotherapeutischen Tätigkeit anvertraut haben. Für die Offenheit und Bereitschaft, mich als Begleiter zu wählen, danke ich.

Um die Personen zu würdigen, deren Arbeiten Teil meines Koordinatensystems sind, innerhalb dessen ich mich bewege, führe ich sie in Verbundenheit (in alphabetischer Ordnung) an. Ihre Arbeiten haben mich in die Lage versetzt, ansatzweise ein Verständnis vom Ganzen zu erlangen. Ulrike Ackermann, Thomas Bernhard, Fritjof Capra, Luc Ciompi, Paulo Coelho, Terry Eagleton, Alain Ehrenberg, Norbert Elias, Albert Ellis, Eric Erickson, Victor Frankl, Sigmund Freud, Erich Fromm, Francis Fukuyama, Klaus Grawe, Hermann Hesse, Eva Illouz, Hans Jonas, Eric Kandel, Bodo Kirchhoff, Hans Küng, Hans Lenk, Konrad Lorenz, Harry Merl, Hans Mummenday, Karl Popper, John Rawls, Rupert Riedl, Erwin Ringel, Carl Rogers, Gerhard Roth, Rüdiger Safranski, Günter Schiepek, Friedemann Schrenk, Gerhard Schulze, Wolf Singer, Peter Sloterdijk, Joseph Stiglitz, Walter Thirring, Paul Watzlawick, Richard Wilkinson.

## Nachsatz

Die Fragen, die mich zur Ausarbeitung dieses Buches führten, stellten sich in bewusstem Rahmen erstmals 1992, als mir bewusst wurde, dass mich das Menschsein an sich und nicht so sehr die Erlangung eines beruflichen oder gesellschaftlichen Status interessiert. Ich wurde in einer traditionellen Arbeitswelt sozialisiert und konnte mir den Beruf als Denker, der als Arzt weiter Philosophie studiert, nicht vorstellen. So habe ich in den letzten zwanzig Jahren einige Berufe ausgeübt. Die Fragen aber sind treue Lebensbegleiter geblieben. Konkret aufgerüttelt – und zugleich haben sie mir das Leben immer wieder schwierig gemacht – haben sie mich 1995 als Arbeiter im Produktmarkt und 1999 im Kapitalmarkt. Ebenso 2002 als angestellten und 2007 als selbstständigen Psychiater. Im Laufe der Jahre ist die Arbeit an den Fragen – speziell ab 2009 – eine innere Erfüllung geworden. Im Winter 2011 verdichtete sich das Gefühl, den Fragen ansatzweise passende Antworten geben zu können, die nicht nur meine persönlichen Erfahrungen enthalten, sondern vor allem auch auf einem soliden Wissensfundament stehen. Auf der Suche nach einem Ort zur finalen Abfassung kam mir Cannes in Erinnerung, da meine Frau und ich nach erfolgreich bestandener Matura den ersten gemeinsamen Urlaub dort verbracht hatten. Ich fuhr hin, mietete mich im Hotel Carlton, Zimmer 336, ein und schrieb die vorliegenden Seiten. Als 18-Jährige nächtigten wir nicht im Hotel, sondern im Auto – einem weißen Mercedes Combi 120D mit Schafwollsitzen. Als wir aber an dem

Hotel vorbeimarschierten, sahen wir einen berühmten Musiker, blieben stehen und dachten: Das ist ein wirklich schöner Ort. Der Ort erwies sich als richtig. Wie mit 18 Jahren erlebte ich als 46-Jähriger volles Begehren auf das Leben.

In den medizinischen Wissenschaften wird Studenten, bevor ihnen ein Krankheitsbild vorgestellt wird, die Physiologie – also die Normfunktion des jeweiligen Organsystems – erklärt. Nur nicht in der Psychiatrie. Damals wie heute verspüre ich einen tiefen Wunsch nach einem kleinen Büchlein, das einen Überblick über die Physiologie der Psychiatrie, einen Überblick über das Menschsein vom Gesund- bis zum Kranksein, gibt. Dieser Wunsch wurde erfüllt.

# WEITERE INFORMATIONEN

Auf der Website EINLEBENREICHT.COM finden Interessierte Aktuelles rund um das Buch und Hinweise auf die Workshops, in denen – aufbauend auf den Inhalten des Buches – die praktische Umsetzung erfolgt. Die Workshops bringen, was das Buch nicht bringen kann: das persönliche Erleben durch Interaktion mit Anleitungen in Übungen durch den Autor. In fünf Schritten werden die Elemente des Modells erlernt. Modul 1 erklärt die wissenschaftliche Basis, auf der das Modell aufbaut. In den Übungen erfolgen die Erarbeitung der aktuellen Lebenskonstellation und erste Arbeiten zum Entwurf eines Zielbildes. Modul 2 bemüht sich um ein Verständnis des Menschen in einem geschichtlichen Prozess. Die Teilnehmer erfahren die positiven Wirkungen des Eingebundenseins und der Annahme des Lebens in seiner tatsächlichen Form. Modul 3 beschäftigt sich mit der Arbeitsweise der Psyche. In Modul 4 werden die Arbeiten am Bild über den gewünschten Zielzustand sowie das Erlernen zur Implementierung im Leben fortgesetzt. Modul 5 widmet sich der klugen und besonnenen Reflexion über die erarbeiteten Inhalte. Die Teilnehmer werden ermutigt, fünfmal einen kreativen Akt zu erleben. Nach Abschluss sind sie in der Lage, eine persönliche Lebenskarte zu entwerfen.